감사하고 사랑합니다

미 안 해
사 랑합니다
고 마 워 요

_____ 님께

작은 마음을 담아 당신께 드립니다

박종선

상색리 77번지, 영가리 마을에서 태어나
상색초등학교와 가평 중고등학교에 다녔다.
금성통신(주)에 취업해 본사 특허 담당자와
영업소 창고지기를 했다.
경희대학교 신문방송학과를 졸업하고
평택대학, 동아방송예술대학,
우송정보대학에서 강의했다.
경제신문과 케이블방송에서 기자로 일했다.
영상프로덕션을 차려 지상파 방송과 케이블에
갖가지 다큐멘터리를 제작해 납품했다.

- TTN 뉴스(교통관광 TV)
- VJ특공대 (KBS)
- 내 손안에 책 (MBC)
- 아름다운 사람 아름다운 뉴스 (EBS)
- 느낌 여행 오지 체험 (케이블)

은퇴 후에는 정신을 바짝 차리고
제대로 된 작품을 남기려고 노력한다.

- 온돌, 세계의 주목을 받다 (아리랑TV)
- 대동법의 명재상 잠곡 김육 (실학박물관)
- 강기훈 유서대필조작 사건 재조명 (KTV)
- 우리는 왜 한국인인가 (미국 시애틀N) 등

내가 좋아하는 행복은 자잘한 행복입니다.
풍선처럼 부풀어 오른 달콤한 행복이 아니라
깨알처럼 작고 고소한 행복입니다.
찔레꽃이나 엉겅퀴 같은 토속적인 꽃들을 좋아하고
딱새와 뻐꾸기, 그리고 소쩍새를 참 좋아합니다.
연초록빛 5월 초순과 단풍 진 10월 말을 좋아하고
공원 호숫가를 한 바퀴 달릴 때 상쾌합니다.
해 맑은 아침이면 카메라 등짐을 메고
어디론가 떠나는 걸 좋아합니다.
열차를 타고 차창 가에서 책 읽는 것을 즐깁니다.

새로운 일을 벌이기 보다는
기록하고 정리하는 일을 훨씬 더 좋아합니다.
장맛비 쏟아지는 주말
창밖을 내다보며 일기 쓰는 것을 좋아하고요
만년필로 정성스럽게 써서 친지들에게
감사 편지나 연하장 보내는 것을 참 좋아합니다.

독하고 비싼 술보다는
시금털털한 막걸리가 제게는 잘 어울립니다.
금요일 저녁 퇴근 무렵,
느닷없이 전화하는 친구를 아주 좋아합니다.
한 정거장 전에 버스에서 내려
휘청거리며 집으로 걷기를 마다하지 않습니다.
술에는 절반쯤 취하고 정에는 왕창 취해서
"당신을 사랑한다."라고 고백할 때
나는 정말 행복합니다.

좋아하는 것이 많아야
행복하다

박종선 산문집

여는 글

해야만 하는 일과
하고 싶은 일

살기 위해서는 일상적으로 해야 할 일이 있다.
먹고 자고 싸는 일, 이른바 기초 생계를 챙기는 일이다.
먹거리가 있어야 하고 입을 옷과 잠잘 집이 필요하다.
거저 생기는 것이 아니다.
의식주를 해결하려면 일을 해야 한다.
어릴 적엔 부모 형제가 나를 대신해서 그 일을 감당했다.
그러나 청소년기를 지나
자신의 생계를 스스로 책임져야 하는 시기가 닥치면
직장이나 일을 찾아 나서야 한다.
그런데 일이란 것이 갈수록 늘어나게 마련이다.
직분이 늘어날수록, 주어진 역할이나 책무가 복잡할수록
이것저것 해야 할 일이 많아지는 것은 당연하다.
직분과 역할이 단출하여 의식주를 단박에 해결할 수 있다 해도
사람들은 그냥 놀지 않고 다른 일을 벌인다.
불확실한 미래에 대비한다거나 품위 있게 잘 살아야 한다며

이런 일 저런 사업을 벌이는 것.
그러다 보면 하루 24시간이 모자랄 정도로 해야 할 일이 불어나고
허둥지둥 하루하루를 넘기게 된다.
이렇게 일에 매달려 다람쥐 쳇바퀴 돌리듯 살다 보면
꽃다운 청춘, 팔팔한 장년 호시절이 후다닥 지난다.

늘그막에 되돌아보니 무슨 영문인지도 모른 채
그냥 해야 할 일에 늘 쫓기며 살았다는 생각이 든다.
어린 시절, 청춘 시절에 꾸었던 그 많았던 꿈들은
온데간데없이 사라지고 흰머리가 이마를 덮었다.
이제부터라도 어쩔 수 없이 해야만 하는 일을 줄이고
남은 시간은 내가 하고 싶었던 일에 써야 한다.
그러지 않으면 죽을 때 엄청나게 후회할 것 같다.

억지로라도 해야만 하는 일은 스트레스 지수가 높지만
하고 싶었던 일을 하는 것은 행복지수가 훨씬 높다.
나는 40대 후반부터 마라톤에 심취해 20여 회 풀코스를 완주했다.
뛰다 보면 이 힘든 일을 왜 시작했나 후회가 될 때도 있지만
그것은 잠깐일 뿐 골인 지점을 통과하고 나면
아주 짜릿한 쾌감이 온몸을 휘감는다.
"고통도 기꺼이 받아들이면 행복으로 바꿀 수 있다."
마라톤을 뛰면서 내가 깨달은 진리다.

자기가 하고 싶은 일에 몰두해서 뚜렷한 성과를 거두면
그야말로 눈물겨운 행복감을 맛볼 수 있다.
다행히 내겐 수십 년 기록해온 일기장이 있다.
그것을 다시 들춰보면서 내가 좋아하는 일을 찾았다.
"사정 형편이 어려워 접었던 어릴 적 꿈,
그것을 이 늘그막에 다시 끄집어내어 절반만이라도 이뤄보자."

산촌에서 나고 자란 나는
늘 산에 다니며 나무와 숲을 살폈고
거기 깃들어 사는 뭇 생명을 좋아했다.
새 박사나 생물학자가 되고 싶었다.
사진과 비디오를 촬영 편집하는 내 재능을 살려
전국 산천을 떠돌며 자연을 관찰하고 기록하자.
특별히 뭐가 되겠다, 장래에 어찌겠다는 것이 아니라
그냥 그러는 자체를 즐기자고 작정했다.

또 하나, 어린 나는 소리에 민감했고 노래를 곧잘 불렀다.
성악가를 꿈꾼 적도 있다.
그래서 합창단에 가입했다.
일주일에 한 번, 두세 시간씩 단원들과 화음을 맞춘다.
아주 행복한 시간이다.

수십 년 일기를 쓴 경험을 바탕으로

한때는 기자라는 직분을 가졌던 적도 있다.

그리고 가끔은 글을 쓰고 싶어질 때가 있다. 오늘처럼.

이것을 확장시켜 책을 출간하자.

내가 아니면 그 누구도 쓸 수 없는 내 책.

우선 과거에 쓴 내 글들을 여기저기서 긁어모았다.

인터넷 카페나 블로그, 손전화 메모장을 들춰 글감을 모았다.

짤막한 글, 조금 긴 글,

그리고 꾸며 쓴 글로 분류해 여덟 가지 글제로 묶었다.

저를 잘 아는 사람들에게, 고마운 분들에게

책을 선물하고 싶었습니다.

가족 친지들과 옛 직장 동료들,

그리고 몇 안 되는 내 절친들에게

제 진솔한 마음을 따듯하게 건네고 싶었습니다.

2025년 초여름

소래포구가 내다보이는 베란다 책방에서

차례

여는 글_ 해야만 하는 일과 하고 싶은 일 04

제1장
내가 좋아하는 **자잘한 행복**

좋아하는 것이 많아야 행복하다 18
내가 막걸리를 좋아하는 까닭 29
밤과 음악, 그리고 라디오 추억 38
빈 마음에 가득 채우고 싶은 것들 46
내가 참 좋아하는 날들 53

제2장
내 삶의 잉크 빛 수채화 **일기**

일과 점검표를 떼어내며 59
대표작이 없는 마이너리거 PD 69
내 삶의 지표가 된 위대한 말의 유산 77
지식의 품격_ 참 지식 95
공원 벤치에 앉아 쓰는 일기 105

제3장
창문 너머 어렴풋이 떠오르는 **고향 생각**

내가 살던 고향 영가리는 113
빗고개를 넘어 가평 상색으로 126

커피에 대한 쓰디쓴 추억	133
북한강 뗏목 놀이_ 가평아리랑	154
한석봉이 가평에 남긴 보물 보납산	157
태봉으로 땔낭구하러 가던 날	160

제4장

사계절 4색 걷는 즐거움 **산책**

틈과 짬, 그리고 여백	181
비 오는 날의 오만가지 잡생각	186
시간을 쪼개어 쓰는 묘미	196
머릿속에 채운 것과 마음속에 들인 것	199
중년 노인이 부러워하는 것	209

제5장

느긋하게 몰입하는 행복 **촬영 편집**

사진발 잘 받는 꽃나무들	214
햇살이 너무 고와서 눈물 나던 날	219
강소기업의 나라 독일에 가다	224
핸드폰 사진 촬영의 고수가 되려면	226
다큐 "강기훈 유서대필 조작사건" 재조명	252

제6장

내 맘속에 반짝이는 늘푸른 샛별 **친구**

가을볕 맑은 아침에는	266
서해금빛열차 온돌마루에 앉아	270
추억의 징검다리	291

마스크 쓰고 명보극장에 다시 갔더니 309
환갑고개를 넘어 서산마루에 올라서며 314
절친을 동반한 행복 여행 318

제7장
내 삶의 도돌이표 활력소 **아침 운동**

장수천 물가를 달리는 아침 325
휘둘리지 말고 제 속도를 유지하시라 331
마라톤과 인생 333
실천이 뒤따르지 않으면 후회만 키울 뿐 347
마음도 흔들어 깨우세요 349

제8장
사랑과 행복이 솟아나는 참 샘 **가족**

마지막으로 입는 10년 바지 353
하늘나라로 띄운 편지 362
내 마음의 고향 너린내와 샛두밀 364
내 맘속에서 꺼낸 운동화 373
'눈 가리고 냐옹'하는 우리집 레오 396
빈방에 봄꽃을 들였다 404

닫는 글_ 책갈피에 제 마음을 살짝 끼워 놓았습니다 406

제1장

내가 좋아하는
자잘한 행복

행복은
내 마음속 깊은 우물에서 솟아나는
물거품 같은 것

풍선처럼 부풀면 터지지만
깨알처럼 잦아들면 이슬로 맺힙니다

늘 요동치게 들끓게 놔두지 마시라
수시로 마음을 가라앉히시라

마음이 맑고 고요해지면
행복이 뽀글거리며 솟아오른다는 거
잘 아시지요?

참 좋은 아침입니다
좋아하는 것이 많아야 행복하다
내가 막걸리를 좋아하는 까닭
소리 찾아 떠난 백령도 여행
빈 마음에 가득 채우고 싶은 것들

꿈길로 숨어서 걷다

2018 04 04

무작정 나서기 좋은 날.
가랑비 속으로 내 그림자를 숨기고
늘솔길 연못에 물 동그라미나 살피세.

소래포구 어시장 바닥에 마주 앉아
막걸리 한잔 건네기 좋은 날.
먼 바다 내다 보며 봄비 소리 안주 삼아
절반쯤만 취해 보세.

놀기 좋은 이 날을 그냥 즐기세.
우리 그러시자고.
깃털처럼 가볍게 사시자고.

매일 마주치는 상큼하고 짜릿한 행복
2024 07 04

매일 마주치는 행복한 순간이 있다.
운동복을 차려입고 아파트 현관을 나설 때
맑은 하늘을 보면 왠지 마음이 가벼워 진다.
논현 근린공원의 계단을 뛰어오르며 주위를 둘러보고 하늘도 살핀다.
오늘 아침엔 도서관 샛길에 비비추가
이슬방울을 머금은 채 내게 눈인사를 건넸다.
매일매일 조금씩 달라지는 공원의 모습을 살피는 게 내 작은 행복이다.
사실 아침 운동은 하루하루를 새삼스럽게 하는 마력이 있다.

여기 공원 벤치에 앉아 아침 일기를 쓸 때도 행복지수가 급상승한다.
영산홍 더미에서 뱁새가 울거나 길고양이가 마당에 와서 눈을 맞추면
야릇한 기쁨이 내 몸을 휘감는다.
운동 마당에 아무도 없을 때 더더욱 그렇다.

아침 운동을 마치고 수인선 교량 그늘에 들어설 때
저만치 출근하는 딸의 모습이 희미하게 보인다.
이어폰을 벗고 손바닥 치켜든 채 하이파이브를 나눈다.
"잘 다녀와, 오늘도 수고!"
딸의 미소가 내 맘속 우물에 핑크빛 물감을 퐁퐁 떨군다.
난 그 재미에 빠져 뜀박질 속도를 그 시간에 맞추게 된다.

샤워를 마친 뒤 커피 한 잔 들고 책상에 다시 앉을 때도 행복하다.
시급히 해야 할 일이 없고 비가 내리는 휴일이면 더더욱 그렇다.
내가 좋아하는 음악을 틀어 놓고 사진을 정리하거나 글을 쓴다.
그러다 조금 무료해지면 베란다 창문을 열고
멍하니 먼 마을을 내다보는데
그때마다 집고양이 레오가 창틀에 와서 냐용거린다.
나는 얼른 허리를 굽혀 레오와 코키스를 나눈다.
아주 짧은 순간 짜릿한 쾌감을 느낀다.

마을 꽃밭이나 공원 그늘에 기웃거리며
핸드폰으로 사진을 찍는 것도 새로 맛들인 내 취미다.
핸드폰 카메라의 성능이 워낙 좋아지다 보니
언제 어디서나 바로 촬영할 수 있다는 것이
나를 자꾸 꽃밭으로, 숲 그늘로 이끈다.
비 갠 아침, 맑은 햇살이 퍼지면
사진 찍는 재미에 빠져 시간 가는 줄 모른다.

참 좋은 아침입니다

2014 08 09

토요일 아침
이른 출근길에 야트막한 해가 떴습니다.
설익은 초가을 바람이
콧등을 간질이고
말복 더위를 견뎌낸 칡넝쿨이
길가에다 은근하게 향기를 뿌립니다.

"좋은 아침입니다."
또랑또랑하게 아침 인사를 건네는 건
풀꽃 이슬이고요.
가벼운 발걸음에 박자를 맞추는 건
부지런한 참매미들입니다.

인천대공원을 돌아 찬찬히 걷는 주말 출근길.
풋사과를 한입 베어 문 것처럼
상큼합니다.

왼쪽 가슴에 달린 주머니

2010 09 18

추석 연휴가 시작된 토요일.
밀린 일을 처리하느라 느지막이 사무실에 나왔다.
배가 몹시 고픈 걸 보면
점심부터 먹어야겠다는 생각이 들었다.
우선 내 충실한 일꾼, 애플 맥에게 영상 캡처 일을 맡기고는
당산역 쪽으로 나섰다.
오늘은 왠지 짭짤하고 매콤한 갈치 조림 먹고 싶다.

갈치 조림이 준비되는 동안
노희경 작가의 소설
"세상에서 가장 아름다운 이별"을 읽기 시작했다.
줄을 쳐가며 책을 읽는 습관이 있다.
마침 가슴에 와 닿는 구절이 있길래
볼펜을 찾으니 늘 왼쪽 가슴에 꽂혀 있던 볼펜이 없다.

갈치 조림을 맛있게 먹었다.
길 건너 알파 문구에 볼펜을 사러 갔다.
먼저 손에 잡힌 것은 파이롯트에서 만든 수퍼빅볼.
난 볼펜심이 굵은 1.6을 좋아한다.
굵고 크게 쓰는 것을 좋아하기 때문이다.
하지만 내가 요즘 가장 즐겨 쓰는 볼펜은 제트스트림이다.

부드럽게 잘 써지는 데다 볼펜 똥이 생기지 않는다.
게다가 길이도 짧아서
왼쪽 가슴에 달린 주머니에 쏙 들어간다.

여름이면 나는
왼쪽 가슴에 작은 주머니가 달린
반소매 남방셔츠를 즐겨 입는데
거기에다 명함 지갑을 넣고
그 옆에 나란히 볼펜을 꽂으면
아주 편하고 실용적이다.
명함 지갑에는
교통카드와 신용카드가 함께 들어 있어서 좋다.
명함은 물론이고 언제든지 꺼내 쓸 수 있는 메모 쪽지까지.
왼쪽 가슴에 달린 주머니는
여름 한 철 나에게는
아주 고맙고 소중한 존재다.

좋아하는 것이 많아야 행복하다
2025 05 05

40년이 넘도록 꾸준하게 해 온 일이 있다.
거의 매일 그러다 보니 습관처럼 굳어져 버린 일이다.
바로 일기 쓰기와 촬영하기.
내가 참 좋아하면서 즐기는 일이다.

고등학교 2학년 때 시작한 일기 쓰기.
주로 저녁에 쓰던 일기를 40대 중반부터는 아침에 쓰는 것으로 바꿨고
지금은 이렇게 새벽에 단문 일기를 노트북 컴퓨터에 쓴다.
또 가끔은 마을 공원으로 달려가서
거기 운동마당 벤치에 앉아 휴대폰 메모장에 일기를 쓰기도 한다.
매일 쓰지는 못하지만 일기를 쓰면 마음이 착 가라앉는다.
특히 창밖으로 동트는 모습을 간간이 살피면서 새벽 일기를 쓰면
차분하게 하루를 시작할 수 있다.
어쩌면 일기는 내 삶을 지탱해 준 버팀목이자 주춧돌 같은 존재다.

고등학교를 졸업하고 나는 운 좋게도 바로 취업을 했는데
그 직장이 서울 중심가인 명동 충무로에 있었다.
남산 타워가 창밖으로 올려다보이는 극동빌딩.
당시엔 서울에서도 사무실 임대료가 가장 비싸다는 건물에
금성통신 본사가 있었고 내 직분은 특허 업무 보조원이었다.
명동에서 점심을 먹고 주말엔 친구들과 어울려 남산에 오르곤 했었는데

그럴 때마다 사진기가 없는 게 참 아쉬웠다.
카메라만 목에 걸고 있으면 사람들에게 부러움이 가득한 시선을 받던 시대였다.
특히 또래의 청춘 여성들에게 접근할 수 있는 가장 강력한 수단이 바로 카메라였던 것.
군 입대를 앞두고 용산역 근처 사설학원에서 두 달가량 사진을 배웠다.
처음으로 암실에 들어가 흑백사진을 현상하고 인화하던 날.
"어머나, 신기한 마술 같다. 이렇게 사진이 되는 거구나."
발그레한 암실등 아래에서 놀란 토끼 마냥 기뻐하던 친구가 생각난다.
군에서 제대한 뒤 대학 신입생이 되어서 처음으로 내 카메라를 구입했고 사진 동아리 친구들과 그해 가을 첫 정기 전시회도 가졌다.
당시 동아리 지도 교수였던 윤무부 박사님을 따라 당진 어딘가에 가서 후투티라는 새를 촬영하고 몹시 기뻤던 추억이 있다.
기자에서 PD로 전직할 즈음 미니DV라는 비디오카메라를 샀다.
신대방역에 내려 보라매공원 근처의 지하강의실로 디지털 영상편집을 배우러 다녔다.
결국 사진과 비디오를 촬영하는 일은 내 주업이 되고 말았다.

40대 중반쯤 마라톤을 시작했다.
마침 인천대공원 초입에 새 아파트를 마련하고 입주했는데
미국발 금융위기로 내수 경기가 침체 돼 나는 사실상 실직상태에 있었다.
처음엔 가족들과 함께 장수천을 따라 인천대공원 호수를 돌아오는 주말 산책이 좋았다.
어느 초여름날 아침, 가벼운 뜀박질로 대공원을 한 바퀴 돌았고
그 느낌이 너무 강렬했다.
벚꽃이 만발한 아침, 관모산 허리춤이 초록초록한 여름,

느티나무 단풍터널 아래로 가을볕이 오색실처럼 쏟아지는 저녁.
인천대공원은 사계절 어느 때나 뜀박질하는 나를 응원했다.
2008년 가을, 춘천에 가서 의암호와 소양호를
돌아 마라톤 풀코스를 완주했다.
그러고는 봄 서울, 가을 춘천 형식으로 마라톤을 즐겼다.

마라톤과 함께 내 삶에는 획기적인 변화가 생겼는데
그것은 저녁형이었던 내가 아침형 인간으로 바뀐 것이다.
술을 마시거나 밤새워 편집한 뒤 늦잠을 자던 일상이
오전에 몰입해서 일한 뒤 일찌감치 집에 돌아와
초저녁에 잠드는 일상으로 바뀐 것.
아침에 운동하는 습관은 내 삶의 질을 높였다.
일에 능률이 오르고 시간적 여유가 생겼으며 몸과 마음이 건강해졌다.
오늘 이렇게 긴 일기를 쓸 수 있는 것도 그때
나를 아침형 인간으로 바꾸면서
새벽에 두 시간가량 내 맘대로 쓸 수 있는 시간을 확보한 덕분이다.

아침 운동은 '느슨해졌던 나'를 다시 '싱싱한 나'로 되돌리는 묘약이다.
운동을 하면 우선 기분이 좋아진다.
상쾌한 아침 공기를 마시며 공원 초입에 들어설 때
풀꽃과 나무들이 매일 조금씩 바뀌는 모습을 보면 마음이 촉촉해진다.
3km 달리고 근력 운동한 뒤 샤워하고 책상에 앉으면
마침내 새날이 시작되는 것.
아침 운동은 내게 매일매일 새로 시작하는 기분을 선사한다.
물론 내가 이처럼 아침 시간을 내 맘대로 조정하게 된 데는
한동안 프리랜서라는 직분을 가졌기 때문이며 그것에 감사한다.

어쩔 수 없이 해야 하는 일이 아니라 내가 좋아하는 일을 하면 행복하다.
아무 소리도 들리지 않는 새벽, 일기를 쓰며 자신을 다독이고
아침 뜀박질로 몸과 마음에 생기를 불어넣고
가을볕이 맑은 날엔 카메라 등짐을 메고 어디론가 떠난다.
행복지수를 하늘 높이 끌어올리는 일들이다.
좋아하는 일이 많으면 많을수록 행복해질 가능성도 커진다.
가 보고 싶었던 곳에 가서 그 풍광을 촬영하고
보고팠던 친지를 만나 정담을 나누고
집에 돌아와 촬영한 사진이나 동영상을 편집하면서
살며시 웃을 수 있다면
하루종일 행복에 휩싸여 사는 셈이다.
나는 행복한 일상을 매일매일 이어붙이고 싶다.

더더욱 중요한 세 가지 저축

2014 10 29

흔히들 저축은 돈으로 해야 한다고 생각합니다.
그러나 나이가 들수록
돈 보다 더 절실해지는 저축이 있습니다.
바로 건강을 저축하는 일입니다.
오늘 한 시간 땀 흘려 운동하면
내 삶의 끝자락에 건강한 하루가 연장된다고 생각해 보십시오.
운동하는 시간이 한결 행복해집니다.

다음으론 사람을 아껴야 합니다.
특히 정을 담뿍 주고받을 사람을
적어도 예닐곱은 남겨 둬야 합니다.
여행길에 기꺼이 동행해 줄 사람.
막걸리 정담에 언제든 참석할 절친들.
평생 거래를 원칙으로 삼았던 옛 동료.
이들을 확보하려면 오래 사귄 사람들에게
진심으로 다가서야 합니다.

일이나 취미를 저축하는 것도
재산을 불리는 것보다
늘그막엔 훨씬 더 중요합니다.
퇴임 후의 삶을 반짝이게 할

신명나는 일거리를 마련해야 합니다.
의무감이나 시간에 쫓겨
어쩔 수 없이 했던 일들과는 차원이 다른,
가슴이 쿵쾅거리거나 마음이 따듯해지는 일.
좋아하는 일들을
더 늙기 전에 많이 만들어 놔야 합니다.

건강, 친구, 좋아하는 일.
이 세 가지 저축은 곧
행복한 날을 저축하는 것이나 마찬가집니다.

돈 정 힘, 무엇을 주고받아야 할까?

2014 11 19

사업 거래처나 시장 상인들과는 돈을 주고받아야 한다.
얼마간 돈을 주고 물건을 사거나 몇 푼의 돈을 받고
내 것을 내어 주어야 한다.
지극히 타산적이고 영리해야 한다.
주변 사람이 경조사를 맞아 큰돈이 필요할 땐 부조금을 낸다.
당사자의 부담을 우선은 덜어주고 나중에 틈틈이 갚으라는 뜻이다.
돈과 인정이 동시에 거래되는 것과 마찬가지다.

정을 주고받아야 하는 사이는 가족이나 친구다.
온정과 사랑을 주고받아야 하는 가족.
우정을 나눠야 하는 친구.
넓은 마음으로 깊이 정을 나눠야 좋다.
마음을 얻고 마음을 주는 관계가 되어야 한다.

예전엔 노동을 주고받는 관계도 있었다.
예컨대 품앗이 같은 것.
다른 집에서 노동력이 부족할 때 내 힘을 보태고
우리 집에서 노동력이 추가로 필요해졌을 때
그들의 노동력을 되돌려 받는 형식이다.
돈이나 물건을 빌렸다가 그 대가를 노동력으로 되갚는 경우도 있었다.
일정 부분 인정이 내포된 거래였다.

하지만 요즘에는 거의 모든 거래가 돈으로 한정되어 있다.
부조금 봉투에는 으레 돈을 넣는 것이 일반화됐고
품앗이 같은 노동력 거래는 일부 농어촌에서
간신히 명맥만 유지하고 있을 뿐이다.
심지어는 애정과 우정까지도 돈으로 대신하는 경우가 많아졌다.
아이들에게 애정 대신 돈을 주고
친구들 간에도 돈 많이 내는 사람이 으뜸이다.
그러니 돈이 없는 사람은 살기 힘든 세상이 되어 버렸다.

돈을 생명보다 중요시하는 세상이 되었다.
사람은 많고 돈은 일부 부자들이 싹쓸이해 가고.
애정이나 우정을 나눠야 하는 사람들도 돈을 우선하는 풍조가 생겼다.
비싼 선물로 애정을 표현해야 하고
유산 문제로 형제가 소송 다툼을 벌이고
때론 돈 몇 푼 때문에 생명을 끊는 사람도 있다.
참으로 안타까운 일이다.

내 작고 소중한 일상

2015 07 13

잉크 냄새나는 만년필로
사각사각 새벽 일기를 쓰고

아내의 정성이 파르르 끓는
된장찌개로 아침밥을 맛있게 먹고

참매미 소리에 발맞춰
해맑은 공원 길로 출근을 하고

점심 짬에 동료들과
여의도공원 그늘에서 도시락 소풍을 즐기고

퇴근길 단골집에서
닭발 요리를 사 들고 휘파람 불며
가로등 깜빡이는 골목으로 돌아오는
내 평온하고 소중한 일상.

시간의 가치
2016 08 08

과거 현재 그리고 미래.
어느 시간의 가치가 더 무게가 있을까?
이미 지나버렸으니 과거는 하등 가치가 없나?
그러나 지난 한때를 떠올리는 것만으로도
금방 행복해질 수 있다면
그 과거사를 과연 무가치하다 할 수 있으려나?

불행하게도 머지않은 미래에
건강을 잃고 병석에 누워 십여 년 보내게 된다면
그것이 미래의 시간이라 해서 과거보다
더 가치 있다 할 수 있겠나?

가만 생각해 보면
이미 지난 과거는 돌이킬 수 없기 때문에
그 가치가 떨어지고
미래는 예측할 수 없으므로
그 가치도 예단할 수 없다.

분명한 것은 지난 시간이 현재의 나에게
큰 영향을 끼쳤고
지금의 내가 어떻게 시간을 보내느냐에 따라

미래가 내가 바뀔 수 있다는 사실이다.

끊임없이 흐르는 시간의 가성비를 높이려면
행복한 순간, 기억하고 싶은 사건을
그때그때 꾸준히 기록해야 한다.
과거를 돌이켜 보며 현재를 교정하려면 그럴 필요가 있다.
그리고 자신의 건강을 잘 돌보면서
오늘을 행복하게 사는 것이야말로
다가올 시간의 가치를 높이는
묘방이 아닐까?

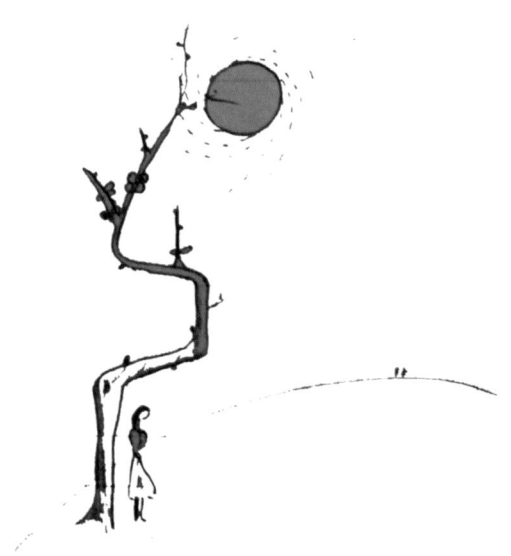

내가 막걸리를 좋아하는 까닭
2025 05 14

40대 중후반부터 술자리에선 무조건 막걸리를 외쳤다.
친구들과 마주 앉을 때는 물론이고 직장 동료들,
또는 거래처 사람들과 만날 때도 난 막걸리를 고집했다.
막걸리가 없는 음식점이나 예식장에서도 술자리가 늘어지면
근처 편의점에서 막걸리를 사다 마셨다.
막걸리가 아닌 술을 마신 기억이 가물가물할 정도다.

사실 난 술에 약하다.
소주나 양주를 마시면 금방 취해서 술자리에서 오래 버티지 못한다.
게다가 난 술에 대취하는 걸 썩 달가워하지 않는다.
그래서 알콜 함량이 적은 막걸리가 좋다.
에탄올 함량이 4.5%인 맥주보다 약간 높은 6%.
소주 22% 양주 40%에 비하면 막걸리는 그야말로 음료수나 다름없다.

막걸리를 사랑하는 내 마음엔 약간의 꼼수도 섞여 있다.
막걸리잔은 대개 양은대접 아니면 도자기 그릇이다.
투명한 유리컵인 소주 맥주잔과는 달리 그릇 내부가 잘 안 보인다.
술자리가 길어질수록 이 막걸리잔은 내게 큰 방패막이가 된다.
소주나 맥주잔보다 크기 때문에 단숨에 다 들이키지 않고
조금씩 나눠 마셔도 친구들이 나무라지 않는다.
꽤 오래 잔이 비어 있어도 친구들이 자꾸 잔을 채워 주거나

마시라고 강권하지 않는다.
난 막걸리잔의 이 장점을 최대한 활용해 술 취하는 속도를 조절한다.
2차 술자리에 대비하거나 자리가 파할 때까지 적당히 취한 상태로
술친구들이 차츰 취해가는 모습을 즐기는 것이다.

막걸리를 좋아하는 또 다른 이유는 술값이 싸기 때문이다.
우리 술 문화가 좀 억지스러운 건지 양주는 고급 술집에서 마시게 되고
소주는 별도의 요리가 필요한 고깃집이나 식당에서 마셔야 한다.
하지만 막걸리는 어디서나 편하게 마실 수 있다.
일터에서, 시장 바닥에서, 노동 현장이나 동호회 행사장에서
김치나 새우깡만 있으면 마실 수 있는 음식이다.
나는 특별히 시골 장터나 도회지 시장에서
순대국이나 김치전을 곁들여 마시는 주전자 막걸리를 참 좋아한다.
산을 넘거나 둘레길을 걷고 그 끄트머리 께 소공원이나 선술집에서
일행과 함께 마시는 막걸리.
마라톤을 완주했거나 아주 고된 노동을 마쳤을 때,
허기와 갈증을 한꺼번에 날려 주는 시원한 막걸리는 정말 맛있다.

기자 PD로 전국을 떠돌며 지역 특산 가양주와 막걸리를 자주 마셨다.
그러면서 내 체질에는 막걸리가 잘 어울리는 술이라는 믿음이 생겼다.
최근에는 양조 기술이 발달해서 방부제를 거의 넣지 않고
저온에서 숙성한다.
때문에 생 막걸리를 마시면 트림이 나지도, 속이 부글거리지도 않는다.
게다가 나는 평소에도 물을 많이 마시는 편이라 막걸리도 잘 소화시킨다.
남들처럼 화장실에 자주 드나들지 않아도 된다.

내 취향엔 부산 금정산성에 누룩 막걸리가 잘 맞았고
한국 민속촌에 주막 막걸리가 가장 맛있다.
특히 설이나 추석에 용인 민속촌에 들르면
장터 주막에서 공짜로 바가지 막걸리를 얻어 마실 수 있는데
그 맛이 가장 막걸리 답다.
거기 장터 주막에 주모 할머니가 보고 싶다.
갑자기 한국 민속촌에 가고 싶다.

그냥 무턱대고 해봐

2022 05 07

형편을 따지고 사정을 고려하면
사실 할 수 있는 게 별로 없어.

그냥 지금 무턱대고 해 보는 게
그나마 실현 가능성을 높이고
후회를 줄이는 묘방일 거야.

잡다하고 사소한 일이 아니고야
단박에 성취할 수는 없어.

일단 부딪혀 겪어 본 뒤에
사정과 형편을 극복할 방안을
궁리해보는 게 훨씬 빠를 거야.

행동으로 옮기지 않으면
아무런 변화도 생기지 않아.
어제와 똑같은 오늘을 보내면
내일도 오늘과 똑같을 거야.

남아있는 짤막한 시간과 기력.
이제 더는 미룰 수 없다는 거
잘 알지?

일상을 업그레이드했습니다

2020 11 17

돌아와 앉으면 편안해지는 제자리가 있듯이
그대로 따라 하기만 하면 편안한 일상이 있습니다.
늘 하던 대로 새벽에 일어나 일기를 쓰고
아침을 먹고 가볍게 공원을 한 바퀴 돌고,
샤워를 한 뒤 커피 한잔 타서 책상 앞에 앉으면
참 행복하다는 느낌이 듭니다.

오늘 제 책상의 품격을 높혔습니다.
8코어 i9 메모리 32gb 16인치 맥북으로
책상의 터줏대감을 바꿨지요.
20년 전 아날로그에서 디지털로,
8년 전 SD에서 HD급으로 업그레이드 했었는데
이번엔 UHD 5K급으로 편집시스템을 교체한 셈입니다.
어쩌면 제가 기계기술을 따라갈 수 있는
마지막 계단에 올라섰는지도 모릅니다.

책상머리에 너절하게 붙어있던
각종 일정표도 모두 떼어 버렸습니다.
계획이나 계산을 앞세우지 말고
맘먹은 즉시 실행에 옮기는 방식으로
나를 교체한 셈입니다.

걸음은 1초 늦고 수명은 하루 단축되고
2022 03 05

3호선 금호역에서 전철을 타고
충무로역에 내려 4호선으로 갈아타려니 시간이 밭다.
역에 내리자마자 눈썹이 휘날리게 뛰었다.
계단을 내려와 가까스로 역홈에 발을 디뎠는데
1초가 늦어 전철을 놓쳤다.
다음 열차는 5분 후에 온다는데 사당역까지만 간다.
그 다음 열차는 과천 안양을 지나 오이도까지 가는 전철.
거기에서 일단 내려 인천행으로 갈아타고
세 정거장을 더 가야 소래포구역이다.
결국 충무로에서 1초 늦은 것이
소래포구역에 도착하는 시간을 최소한 30분 정도 늦췄다.
생각할수록 아쉽다.
그래서 혼자 말로 욕지거리를 내뱉었다.

이러는 내가 얼마나 한심한가?
정말 30분이 아까울 정도로 빈틈없이 하루를 살았나?
1초 늦었다고 안타까워하며 열을 올리다 보면
수명이 하루 이상 단축되지 않을까?

소리 찾아 떠난 백령도 여행

2022 07 22

파도 소리가 해안마다 다르다는 걸
아는 사람이 많지 않다.
보이는 것에는 관심이 많지만
들리는 것에는 관심이 덜 하기 때문이다.

언젠가 한라산에 함께 오른 길벗들에게
내가 영실 등산로에서 12가지
새소리를 들었다 했더니
친구들이 놀라워했다.

난 소리에 꽤 민감하고 호기심도 많다.
백록담 아래 서북 벽 숲에서 들었던
두견이 소리를 또렷이 기억하고
거제도 바람의 언덕을 넘어
신선대 아래에서 들었던 몽돌해변의 파도 소리를
여전히 생생하게 떠올릴 수 있다.

고성능 마이크를 짊어지고
소리를 잡으러 떠난 백령도 소청도 여행.
예동포구에 꿀렁대는 파도 소리.
소청 등대에 부딪히는 바람 소리.

백령도 콩돌해변에 콩돌 구르는 잔파도 소리.
중화동 교회 언덕에서 들은 매미들의 4중창.
여기 초승달 뜬 진촌리 논물에서,
첫 새벽에 듣는 청개구리들의 외침.
정말로 개굴개굴 개구리 합창 소리로 들린다.

관심이 있어야만 보이고 들린다

2022 08 13

관심과 애정이 없으면 본 것도 모르고
들은 것도 기억에 남지 않는다.
그래서 관심과 애정이 많을수록 좋다.

맹꽁이 소리가 정겹게 들리고,
친구의 얼굴에서 길고 깊어진 주름을 느끼고,
백제금동향로의 무늬 속에서
비파치는 여인을 금방 찾아낼 수 있는 것도
내가 이미 오래전부터 그것들에
관심과 애정이 많았기 때문이다.

좋아하는 일,
좋아하는 사람.
좋아하는 대상이 많다는 것은
그만큼 내가
행복하게 잘 살고 있다는 반증이다.

단지 좋아하는 것을 즐기고
좋아하는 사람과 함께 있는 것만으로도
넉넉히 행복해질 수 있으니.

밤과 음악, 그리고 라디오 추억

2022 03 14

"밤이 깊었습니다.
청소년 여러분, 이제 집으로 돌아갈 시간입니다."
밤 10시 시보와 함께 라디오에서 흘러나왔던 공익광고다.
어디에서 누구와 어울리고 있었던,
무슨 일을 하고 있었던 이 소리는
1970년대 말 80년대 초 나를 몹시 옥죄는 방송 멘트였다.

고등학교를 졸업하고 제법 탄탄한 직장을 얻어
그야말로 싱싱한 청춘을 구가하던 그때.
퇴근 후 친구들과 함께
다방과 디스코 클럽을 전전하던 나에게
이제 집으로 돌아가라는 라디오 방송은
참 야속하기 짝이 없는 권고였다.
조금만 더 출발을 늦추면 통행금지 시간에 걸려
오도 가도 못하는 신세가 되기 때문이다.

버스에서 내려 터덜터덜
영등포 문래동 시장 골목에 들어서면
골목 초입의 어느 집 창틈으로 새어 나오던 음악.
라 레이네 드 사바(La Reine De Saba).
당시에 큰 인기를 끌었던 라디오 프로그램

〈황인용의 밤을 잊은 그대에게〉의 시그널 뮤직이다.
가끔은 그 집 창문 맞은편 계단에 걸터앉아
한참 동안 그 노래를 듣곤 했었다.
음악엔 취하고 술은 좀 깨고.

그러던 어느 날
별안간 창문이 열리더니 그 집 아가씨가
고래고래 소리를 질렀다.
"도둑이야, 도둑! 도둑 잡아요!"
얼떨결에 후다닥 시장 골목으로 몸을 숨겼다.
사실 그 방엔 근처 봉제 공장에 다니는
동갑내기가 하숙을 하고 있었는데
가끔 출근길에서 마주쳤던 아가씨다.
다행히 골목은 별 소동 없이 금방 조용해졌고
나는 방범대원들의 딱따기 소리를 피해
자정쯤 귀가했던 기억이 난다.
그 아가씬 한 달 뒤 시흥 쪽으로 이사를 가서
인연이 끊겼다.

군대를 제대하고는 장충체육관 뒤편
신당동 언덕에 자취방을 얻었는데
좁고 가파른 골목을 오르내려야만 했다..
이웃해 살았던 직장 동료들과 남산 길을 달리는
아침 운동 습관이 그때 생겼다.
군에 있는 동안 통행금지가 해제돼

그때는 늦은 밤에 내 자취방을 찾아오는 친구가 여럿 있었다.
골목에서 내방으로 직접 연결된 쪽문을 통해
드나들 수 있었기 때문에
친구들이 거나하게 취해 찾아오거나
저녁 무렵 한잔 더하자며 들리곤 했었다.
대부분 학창 시절의 친구들.
사실 이 글을 쓰는 목적도 그들과의 추억을
되살리고 싶어서다.

승진 심사에서 고배를 마시던 날
나는 홀연히 직장을 그만뒀다.
늦게라도 대학에 입학해서
내가 하고 싶은 공부를 더 하리라고 결심했다.
학원과 독서실을 오가며 하루 18시간씩
오로지 공부에 매진하던 시절.
참 절박하게 살았다.
자취방에 돌아와 저녁을 먹고 책상에 다시 앉기까지
1시간가량이 그나마 좀 느슨하게 보내는 일정이었다.
연탄아궁이에 라면을 끓이면서
라디오를 켜는 순간이 가장 행복했었다.
Adieu, Jolie Candy. (아듀, 줄리 컨디)
밤의 디스크 쇼 시그널 뮤직에 라면 끓는 소리가 섞이고
방안에 시큼한 김치 냄새가 가득 차면
이종환 선배님의 부드러운 목소리가 들렸다.
삼양 라면을 후루룩거리며
시장기와 외로움을 누그러뜨렸다.

그즈음 내 자취방엔 작은 흑백 tv와
중고 카세트테이프리코더가 있었는데
어느 날 친구가 내게 팝송 테이프를 선물했다.
그 테이프는 친구가 직접 선곡해 녹음한 것이어서
자주 재생해 들었는데
팝송을 좋아하게 된 것은 그때부터다.
사이먼과 가펑클, 패티 페이지, 바비 빈튼,
비틀스, 에릭 클랩튼 등의 노래를 즐겼다.

나는 소리에 민감한 편이다.
음악이나 노래에 대한 감수성이
풍부하다고나 할까.
음악을 들으면 그 음악과 관련된
상황과 냄새가 동시에 떠오른다.
아듀 줄리 컹디를 들으면
라면 끓는 소리와 시큼한 김치 냄새가 나고
패티 페이지의 노래를 들으면
헤어지던 서울역 지하 다방이 생각난다.
그리고 애니로리라는 스코틀랜드 민요를
오카리나 연주로 들을 때면
학창 시절의 대강당 무대가 삼삼하게 떠오른다.

좀 더 오래된 기억으로는
초등학생에서 중학생으로 바뀔 무렵에 즐겨 들었던
트랜지스터라디오가 있다.

대한모방이라는 방직공장에 다녔던 형이
군대에 가면서 시골집에 두고 간 것이었는데
난 그것을 통해 당시 유행가를 곧잘 따라 불렀다.
배호 이미자 김정호 김추자 바니걸스
나훈아 남진 신중현 방주연 김상진.
책가방을 옆구리에 끼고 학교로 출발하면서,
늦은 밤 방학 숙제를 하면서
배불뚝이 트랜지스터라디오를 듣던 장면이
아직도 기억에 생생하다.

나는 이야기나 사연을
배경음악(BGM)처럼 아주 좋아한다.
모든 창작물에는 이야기가 포함돼 있고
그것이 있어야 생명력을 가지게 되는 것.
수천 년 전의 사실도 신화나 전설로
오늘날까지 이어지고
명곡 명작 명물에는 반드시 그 바탕에
이야기가 깔려 있게 마련이다.
비록 볼 수도 만질 수도 없는
소리나 냄새, 혹은 감촉 같은 것일지라도
그것이 이야기나 사연과 결합하면
아주 오래도록 사람들의 사랑을 받을 수 있다.

그래서 나는 종종 주변 사람들,
특히 친구들에게 냄새나 소리를

선물해야겠다는 생각을 한다.
몽당연필을 만들어 가방에 넣고 다니거나
어릴 적에 즐겨 먹었던 밀크캐러멜을 사려고
과자 가게를 기웃거리기도 한다.
왕자 파스 크레용이나 빠이로뜨(파일럿) 잉크 역시
절친을 만나 슬쩍 건넬 때 행복하다.

소름이 돋을 정도로 감격하고
가슴이 쿵쾅댈 정도로 행복하다면
하루나 이틀쯤 추억에 푹 빠져도 사는 것도 좋겠다.
철 지난 옛 노래를 흥얼거리고
그날의 냄새를 다시 추억하며
허무맹랑한 세월을 반추하는 것도
나쁘진 않겠다.

산길 눈길 인생길

2024 01 10

올겨울엔 눈이 자주 내립니다.
함박눈이 꼬리를 물고 내리는 창밖.
그저 멍하니 내다보며
차 한잔 마시는 이 시간이 참 행복합니다.
마침 합창단에서 배운 노래가
브릿츠 스피커로 잔잔하게 흘러나오니
마음이 한결 포근해집니다.
김효근 님이 대학생 시절에 작곡했다는 노래.

〈눈〉
"조그만 산길에 흰 눈이 곱게 쌓이면
내 작은 발자욱을 영원히 남기고 싶소
내 작은 마음이 하얗게 물들 때까지
새하얀 산길을 헤매이고 싶소."

눈 덮인 산길에 혼자 오르듯
내 삶도 어딘가 널찍한 눈밭을 혼자 걷는 것이 아닐까.
눈 덮인 산길을 오를 때
나만의 발자국을 영원히 남기고 싶듯
내 삶의 발자국도 영원하길 바랄 테지만
눈길에 남긴 발자국이 영원할 리 없지 않은가.

하지만 비록 작고 보잘것없는 발자국이라도
더 이상 남기려 하지 않는다면,
그래서 모든 꿈을 접는다면
그것은 단지 육신이 늙고 주름진다는 것을 넘어
내 영혼까지도 주름지게 만드는 것이 아닐까.

어떤 꿈도 하찮은 것이 없고
어느 누구의 삶도 소중하지 않은 것이 없다.
그 꿈이 비록 내 꿈과는 판이하게 다르고
그 삶이 비록 나와는 전혀 상관이 없다 하더라도
그 꿈도, 그 삶도 오롯이 존중받아야 할 소중한 것.
작은 꿈이라도 꿔야 한다.
해가 뜨면 곧 사라질지라도 오늘 눈길엔
내 발자국을 선명하게 남겨야 한다.
날이 새고 또 다른 해가 떠오르면
낯선 광야로 뚜벅뚜벅 걸어가야 한다.

빈 마음에 가득 채우고 싶은 것들

2024 06 14

일단 마음이 텅 비어 허무감에 빠지면
난 마음을 채우고 싶은 몇 가지 요긴한 것들이 있다.
우선은 고운 소리로 마음을 채우고 싶다.
이른 봄, 눈 녹는 계곡에 들리는 물소리에서부터
짝을 찾는 꾀꼬리의 노래, 갈대밭에 부는 바람 소리,
푸른꿈 합창단의 멋진 화음에 이르기까지
꿈결 같은 소리를 내 맘에 들이고 싶다.

맑고 정갈한 풍광들이 빈 마음속에서 나풀대며 춤추게 하고 싶다.
봄볕에 반짝이는 아침 이슬은 물론
한여름 창가에서 하늘거리는 자작나무 잎새,
높다란 가을 하늘에 줄지어 나는 기러기 떼,
고춧가루 자글거리는 두부찌개에 이르기까지
온갖 아름다운 정경들이 내 맘을 가득 채웠으면 좋겠다.

은은한 향기를 맘속에 품고 싶다.
잠시 머물다 사라지는 자극적인 냄새가 아니라
풍기는 듯 아닌 듯 코끝에 오래 머무는
소박한 향기로 내 맘을 가라앉히고 싶다.

언젠가는 내 마음이 찔레꽃 향기를 품은 채

고운 목소리로 흘러나오고
비 갠 저녁 하늘에 무지개처럼
저물어가는 내 삶에 방긋이 떠올랐으면.

책 읽고 글 쓰는 즐거움

2024 07 18

10여 년 전쯤 읽었던 책을
다시 꺼내어 읽을 때 참 즐겁다.
특히 밑줄 친 부분에 대한 느낌이 달라졌거나
한층 더 깊어졌을 때 짜릿한 기쁨을 맛본다.

아침에 일어나자마자 맑은 정신으로 창가에 서성대며
잠깐 책 읽는 습관을 들였다.
창밖에 여명 트는 소리를 들으며
한 줄 한쪽 읽다 보면
나도 몇 줄 쓰고 싶은 충동이 밀려온다.

얼른 데스크톱을 열고 그냥 맘 내키는 대로
자판을 두드린다.
독수리 타법을 아직 완전히 벗어나진 못했지만
지우거나 고쳐 쓰기가 손글씨보다 편하다.
급히 해야 할 일이 없거나 비바람 몰아치는 아침나절이면
글쓰기가 길게 늘어지기도 한다.
글도 역시 마음에 여유가 있어야 잘 써지는 법.
논리적이고 화려한 글보다는
즉흥적으로 가볍게 쓰는 생활 수필이 나는 좋다.

읽고 쓰고 듣고 말하고.
이 네 가지 즐거움이야말로
일상에서 주워 담을 수 있는 작은 행복이 아닐까.

공원 마당에 들리는 소리
2024 08 05

눈이 녹고 잎눈이 트는 2말 3초엔 곤줄박이와 박새 소리가 들린다.
까치도 공원 숲에 종종거리며 알 짓는 소리는 시작하는 때다.
이들은 모두 일찍 짝을 짓고 3말 4초에 새끼를 키우는 새들이다.
봄꽃이 앞다퉈 피는 3말 4초에는
직박구리와 참새가 자주 울고 꿀벌들이 앵앵거린다.
꿀벌만 꽃꿀을 빠는 게 아니다.
참새와 직박구리도 나뭇가지를 옮겨 날며 꽃꿀을 마신다.
특히 참새는 벚꽃의 꽃자루를 쪼아 구멍을 내고 조잘조잘 씹으면서
꿀을 삼키기 때문에 요맘때 공원 길엔 송이째 떨어진 벚꽃이 흔하다.
4말 5초, 산빛이 연두색으로 바뀌면 딱다구리와 되지빠귀가
열정적으로 운다.
높은 나뭇가지에 앉아 하루 종일 노래하는 되지빠귀는
운동하는 동네 사람들에게는 으뜸가는 응원꾼이다.
청딱다구리 수컷이 마른 나뭇가지를 쪼아대며 짝을 부르는
시절이기도 하다.
오목눈이 뱁새는 떼 지어 몰려다니며 소프라노처럼 노래한다.
벤치 뒤편 수수꽃다리에서 뱁새가 울면 나는 지그시 눈을 감는다.
마치 합창이라도 하듯 때로는 짧고 경쾌하게,
때로는 높고 길게 소리를 주고받기 때문이다.
여름 장마와 무더위가 교차하는 6말 7초엔
맹꽁이 소리가 근처 오봉산자락에서 들린다.

이들 역시 빗소리에 장단을 맞춰 맹꽁맹꽁 소리를 지르기 때문에
운동을 멈추고 잠시 귀 기울이면 금방 마음이 촉촉해진다.
7말 8초쯤 되면 공원 마당엔 매미 소리가 요란하다.
말매미가 가장 먼저 울고 참매미 애매미 쓰르라미 순으로 목청을 돋운다.

봄 여름 가을 겨울 늘 들리는 소리도 있다.
바람 소리, 운동기구 부딪치는 소리.
다행히 자동차 소리와 도시 소음은 작게 들리고
비둘기 소리와 까마귀 소리가 자주 들린다.
특히 비둘기는 비가 오나 눈이 오나 사계절 구수한 저음으로 노래하고
까마귀는 새끼를 키우는 오뉴월에만 요란할 뿐
다른 계절엔 하늘 멀리 날며 아련한 소리를 낸다.
글을 쓰는 지금 8월 초,
이 마당엔 쓰르라미와 말매미가 경쟁적으로 울고
밤나무에 몰려와 앉은 물까치 떼가 자기들끼리 회의를 하는지 요란하게 지껄인다.
"가~익 가익가익 가익 가이…"

언젠가는 공원 마당에 들리는 이 소리를 엮어
마음속에 가라앉는 자연의 소리 교향곡을 만들고 싶다.

찰나와 영원, 그리고 그 오묘한 질서
2024 08 12

공원 초입 곁길에서 말잠자리가 눈앞을 스쳤다.
엊그제 된장잠자리들이 단풍나무 정수리 께서 떼 지어 날던 모습이
오늘엔 말잠자리 한 쌍의 구애 비행으로 바뀐 것.
운동 마당 오르막길에 직박구리가 앉았다 얼른 날아오른다.
희끗한 무엇이 얼핏 눈에 띄길래
잠시 뜀박질을 멈추고 살피니 사마귀 탈피다.
아마도 새벽녘에 껍질을 벗고 날개를 말린 뒤 성충으로 변태한 것 같다.
마당을 둘러싼 낙상홍이 다시 초록 초록하다.
얼마 전 조경 꾼들에게 잘려나간 가지가 요 며칠 새
새 가지를 뻗고 잎자루를 촘촘히 펼친 듯하다.
한 뼘 한 뼘 매일 매일 새로워지는 논현 공원의 이 모습을
나는 지극히 공경하며 즐긴다.
사마귀 탈피한 찰나가 꽃나방 잡아먹는 순간으로 흐르고
매미 소리 요란했던 여름이 찬바람 앵앵거리는 한겨울로 바뀌고
그렇게 해가 갈리면 지난 풀들이 죽고 새싹이 튼다.

어떤 벌레는 후각에 의존해 살고
또 어떤 동물은 월등한 청각을 활용해 생존하고
나는 생각하는 능력을 키워 아침 일기를 쓴다.
장애를 가진 생명체도 나름대로 적응해 살고
나무들은 뿌리박은 제 자리에서 최선을 다해 살다가 죽는다.

그리고 그 삶을 새 생명이 잇는다.
그렇게 하루 이틀, 한두 해 거듭하며 48억 년 지구 생명이 이어졌고
영원무궁한 우주가 창생한 것.
그 오묘함과 영원무궁함을 어찌 이 짧은 메모장에 표현할 수 있으랴.

다만 나는 내게 주어진 삶을 충실하게 살아야
이 거대한 질서에 부합하는 것이리라.
가평에서 태어나 안양 서울 인천으로 옮기며,
가진 재능을 활용해 잘 살았다.
이제 그냥저냥 좀 더 살다 죽으면 그게 내 참살이다.
내가 늙는 만큼 아이들은 더 창창해지고
손자 손녀들은 나날이 싱싱함을 더할 것이다.
짧은 하루를 온통 짜글거리며 허둥지둥 살 것이 아니라
불편과 불안을 줄이고 평정을 유지한 채 남은 삶을 이어야 한다.
바라건데 병들어 죽는 기간이 짧았으면 좋겠다.
죽을 날을 3개월 전쯤 건강할 때 알았으면 좋겠다.

내가 참 좋아하는 날들
2025 04 14

내가 좋아하는 날은 아침 볕이 맑은 날이다.
밤새 비가 내리다가 새벽녘에 구름이 걷혔거나
기온이 꽤 낮아져서 이슬이 잔뜩 맺힐 것 같은 날이 밝으면
나는 창문을 열 때 살짝 마음이 설렌다.
혹시 맑은 태양이 떠오르지 않으려나.
다행히 동쪽 먼 하늘이 발그레하면
그날은 영락없이 카메라 등짐을 메고 어디론가 떠나야 한다.
하다못해 마을 공원에라도 서성대며
앙상한 나뭇가지라도 촬영해야 한다.
한줄기 봄바람이 느닷없이 불거나
향긋한 아까시 꽃냄새가 코끝에 스치면
나는 눈이 맑아지고 마음이 상큼해지며 온몸이 감전되는 듯
촬영 삼매경에 빠져든다.
찰칵 촤르르, 차알 칵 촤르르르...
찰나의 순간이 거듭거듭 이어지면서 금방 한나절이 가버린다.
마침 늘솔길 연못에서 청개구리가 울거나
사리울 뒷산에서 되지빠귀가 노래하면
그야말로 눈물이 찔끔 날 정도로 행복하다.

바람이 살랑거리는 날도 내가 참 좋아하는 날이다.
뙤약볕이 누그러지고 서쪽 하늘이 발갛게 타오르는 저녁.

우린 이른 저녁을 간편식으로 먹고 서둘러 소래포구 해변으로 간다.
해오름 광장에 마파람이 부는 토요일.
발그레한 노을을 등지고 새우탑 머리맡으로
갈매기들이 까마득히 날아오른다.
해안 산책로를 따라 해넘이다리까지 산들바람을 안고
발맞춰 걷는 저녁이 참 좋다.
더구나 우리 소래 마을엔 해변과 공원에 이어
야트막한 산길까지 걸을 수 있는
둘레길이 있는데 나는 이것을 '바닷가 산길 공원'이라 부른다.
아내와 나는 틈틈이 바닷가 해오름길을 걷거나
산길을 넘어 늘솔길 공원까지 4.5km를 돌아온다.
사리울 동산에서 나물을 뜯거나 알밤을 줍고
돌아오면 두 시간은 족히 걸린다.

시집간 딸들이 사위와 함께 놀러와 산책에 동반하면 더더욱 즐겁다.
산길에 접어들면 우리는 후미진 곳을 여기저기 살핀다.
양들이 좋아하는 칡넝쿨을 찾는 것.
마치 경쟁이라도 하듯 칡넝쿨을 한 아름씩 품고 양떼목장으로 간다.
산길 끄트머리께 늘솔길 양떼목장이 있다.
삼사십 마리의 양들이 사육되는 작은 목장.
주말 저녁엔 마실 나온 가족들이 제법 북적대는 우리 동네 명소다.
목장에 접근할 때 칡넝쿨을 높이 들어 흔들면
양 떼가 구름처럼 몰려오는데
주변의 꼬맹이들이 다 우리를 부러워한다.
다행히 칡넝쿨이 충분해서 한줄기씩 나눠 주면
아이들이 함박웃음을 짓는다.

아침부터 장맛비가 내리거나 거센 바람이 부는 날도
내가 좋아하는 날 중에 하나다.
베란다 창에 부딪히는 빗소리를 들으며
깊은 상념에 잠길 수 있기 때문이다.
커피를 한잔 들고 책상에 발을 얹은 채 창밖을 내다보며
느긋하게 보내는 아침나절이 참 좋다.
나는 이런 날을 '글쓰기 좋은 날'이라고 부른다.
비가 쏟아지므로 야외 촬영도 못하고 딱히 예정된 약속도 없으면
책상에 앉아 묵혀 둔 글을 쓴다.
글제를 찾아 메모장을 뒤적일 때도 있지만
대개는 즉흥적으로 떠오르는 생각이나 감회를 적는다.

봄비가 부슬거리거나 늦가을 비가 추적대는 날도 좋다.
한동안 못 본 친구가 떠오르며 막걸리 파전 냄새가 섞이기 때문이다.
가끔 만났던 시장통이나 단골집에 친구를 불러내 마주 앉기 좋다.
천막 처마를 두드리는 빗소리가 좀 요란해야 더 좋다.
왁자지껄한 선술집에 빗소리가 어우러지면
불콰해진 친구에게서 수십 년 삭혀둔 얘기를 들을 수 있다.

꼬리 자르기와 매듭짓기

2021 01 19

2020년에 미처 정리하지 못하고
올해로 넘어온 일들이 있습니다.

강의록이나 부교재를 보완해서
다음 강의에 쓸모 있게 만들거나
일과점검표를 거둬들여
연표를 정리하거나 하는
자투리 일들이지요.

시급하지 않다며 연말까지 미뤘던 일들에
제목을 붙이고 폴더를 만들어 차곡차곡 쌓아둡니다.
그래야만 쓸모가 생기니까요.

사진들도 버릴 것은 버리고
언젠가는 보탬이 될 만한 것들만
정리된 폴더로 옮깁니다.

자잘한 일들을 털어내면서
묵은 미련까지 말끔하게 헹군 뒤
나는 오랜만에 여행을 떠납니다.

제2장

내 삶의 잉크 빛 수채화
일기

기적은 어느 날 갑자기
일어나는 게 아니다

높은 산에 오르려면
얕은 동산 깊은 계곡을 건너
가파른 능선을 수차례
넘어야만 한다

아무리 짧은 골짜기에서
시작된 샘물일지라도
한 달 이상 꾸준히 흘러야
큰 강에 합류할 수 있고
기러기는 비바람을 가르며
하늘 구만 리를 날아야만
꿈에 그리던 고향에 날개를 접을 수 있다

숲은 하루아침에 물들지 않는다
가지 끝에서부터 한잎 두잎 물들여
동산 전체가 울긋불긋 해져야
사람들은 마침내
계절이 바뀌었다며 감탄한다

단박에 이룰 수 있는 꿈은 없다

흔적

2015 08 10

아무리 안 남기려 해도
조금은 표시 나게 마련입니다.
발자국이든 지문이든,
아니면 냄새로라도.

한번 흔적이 나면 잘 지워지지 않습니다.
기왕에 남기게 될 흔적이라면
뚜렷하고 선명하게 남기는 것이
낫지 않을까요?

입가에 미소짓게 하는
향긋한 흔적이라면
더더욱 진하게.

일과 점검표를 떼어내며

2008 01 05

2008년의 첫 토요일(1/05)

일 년 내내 책상머리에 붙여 뒀던 일과 점검표를 떼어냈다.

우선 눈이 시원해졌고 마음이 가벼워졌다.

일과 점검표.

나를 채근하기 위해 일거수일투족을 매일 기록했던 일종의 일과 기록이다.

잠잔 시간은 하얀색, 일한 시간은 노란색, 술 마신 시간은 빨간색.

그리고 또 하나 초록색이 있다.

운동했거나 가족을 위해 쓴 시간이다.

일이 많았던 9월과 12월은 노란색이 거의 대부분이다.

사무실에서뿐만 아니라 집에 돌아와 pc 앞에 앉아서도

일에 매달린 날이 많았기 때문이다.

하지만 일감이 적었던 5월과 8월에는 흰색과 빨간색이 많다.

일찌감치 잠을 청했거나

친구들 또는 동료들과 어울려 술을 마신 저녁이 많았다는 얘기다.

중요한 건 초록색이다.

아침 일찍 일어나 뜀박질로 인천대공원을 한 바퀴 돌았거나

가족들과 함께 나들이했던 시간이다.

일이 많았던 9월과 12월을 제외하면

거의 모든 달에 초록색 시간 점들이 점점이 박혀 있다.

특히 5, 6월과 11월에는 점검표 윗부분에 초록색 띠가 있다.
이른 아침에 거의 매일 뜀박질을 했다는 표시다.
일과 점검표를 만든 첫 번째 목표가 어느 정도 달성된 셈이다.

하지만 끝내는 이루지 못한 목표도 있다.
점검표를 통해 뭔가 새로운 것에 도전해 보려는 속셈이 있었는데
벌써 2년째 아무런 진척도 없다.
일과 점검표를 보는 내 마음이 늘 찜찜했던 이유다.
"오늘은 뭔가 새로이 시작했어야 했는데
이번 달에도 결국 못했구나."
이런 후회들이 나를 짓누르곤 했다.

오늘 그 점검표를 책상머리에서 모두 떼어냈다.
일과 점검표가 사라진 허망한 책상머리.
머릿속이 텅 비어버린 느낌이다.
마음도 홀가분해졌다.
1월부터 12월까지 2007년도 일과 점검표를
일기장 책갈피에 끼워 넣었다.
일과 점검표에 정성을 쏟느라
한동안 거들떠보지도 않았던 일기장.
2007년에는 겨우 3장을 채우는 선에서 한 해를 마감했다.

"미안해 일기장. 올핸 자주 쓸게."
일기장 표지에 쌓였던 먼지를 털어냈다.

세상에 태어나 가장 잘했다고 생각하는 것

2024 03 10

일기 쓰기.
고등학교 2학년 때
"적당한 반성과 체계적이고 효율적인 공부를 하겠다."라며
시작한 일기. 너저분한 일기장 40여 권.
요즘엔 매일 쓰지도, 육필로 쓰지도 않지만
여전히 나는 50여 년 일기를 쓴다.

늘 나를 다독이고 채근하고
새로운 용기를 내게 했던, 가장 강력한 내 편.
LG를 나와 대학으로 역류할 때.
기자에서 PD로 전향할 때.
나태해진 나를 아주 매몰차게 돌이켜 세울 때.
내겐 항상 일기가 있었다.

누구에게나 자랑하고 싶은 이 위대한 습관.
언제든 내 맘대로 쓸 수 있게 하고
글 쓰는 직업을 갖게 한 원동력.
진취적이고 자주적인 나를 만들어 준 나의 일기.
나는 일기 쓰는 새벽이 참 좋다.
오로지 나에게만 침잠할 수 있는 이 순간이
참으로 행복하다.

좋아하는 것이 많아야 행복하다

그래 28살 때처럼.
2024 06 17

내 삶에 큰 변화가 감지될 때
나도 모르게 되뇌는 혼잣말이다.
위기를 돌파해 나가려는 의지의 표현이랄까
아니면 나 자신을 다독이는 것이랄까?

난 28살 때 대학 신입생이 됐다.
신문사에 경제부 기자가 되겠다며 직장에서 대학으로 역류했던 것.
획기적 대전환이었다.
친구들은 학창시절을 마치고 직장을 잡아 결혼 준비를 서두를 때
난 그 반대의 결정을 했으니 말이다.
내 삶이 수동형에서 능동형으로 바뀐 게 바로 그때다.

훗날 중요한 선택을 해야 할 때마다
"내가 진정 원하는 것, 절실한 것이 무엇인가?
내가 가고자 하는 방향에 어느 길이 부합하는가?"라고 묻고
내 마음이 내키는 대로 결정했다.

물론 자잘한 선택은 그냥 되는대로 했다.
하지만 이제 내 삶의 결승선이 보이는 이 시점에도
난 28살 때처럼 결단하길 원한다.
더 큰 꿈을 이루겠다는 게 아니라

더 절실하고 소중한 것이 무엇인지,
남은 세월, 어느 일을 더 우선할 것인지,
어떤 것을 과감하게 처결할 것인지.

결심 일기

1985. 02. 22.

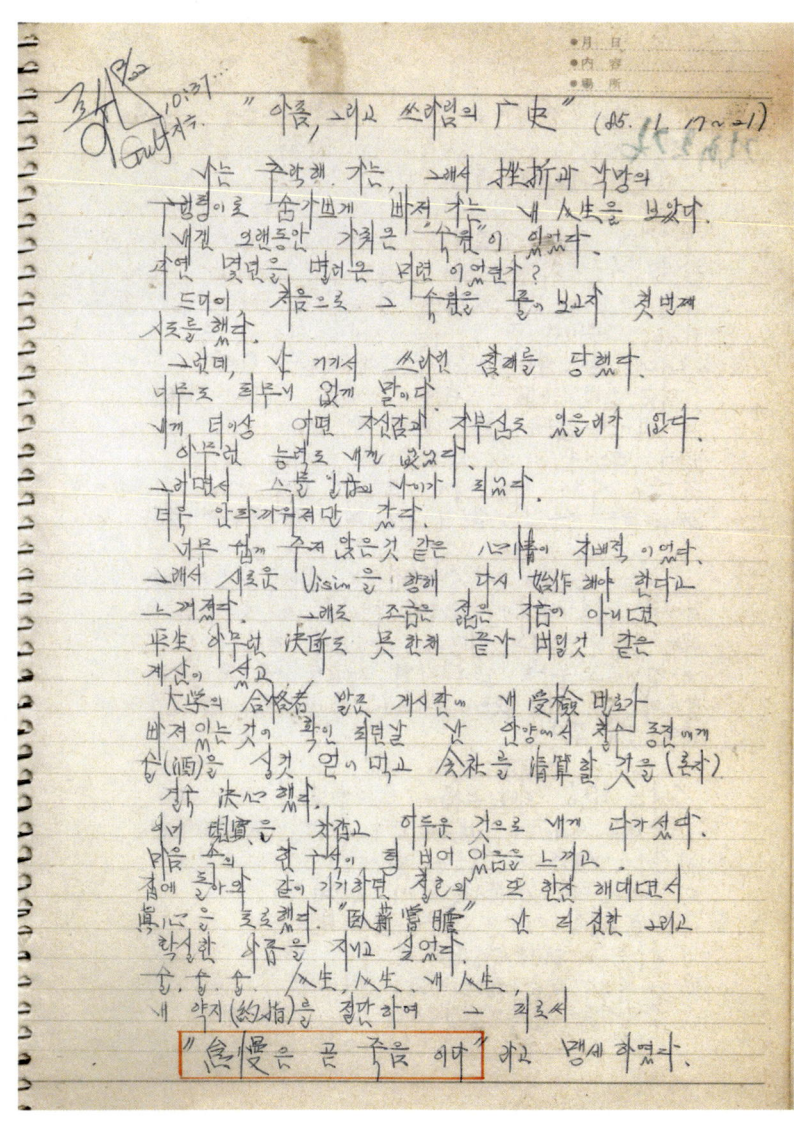

밤 12시 자정에 잠자리에 들자
2014 08 21

11시 53분, 정확히 7분 남았다.
얼마나 쓸 수 있으려나?
여하튼 하루를 잘 보냈고 렌터카를 빌려다 놓고 저녁 운동까지 했다.
이발도 했고 주변을 일단 정리했다.
마음도 좀 다잡았고.

내일은 울진으로 원자력발전소를 촬영하러 가야 한다.
왕복 열 시간 운전.
지루할 테지만 사고 없이 잘 다녀왔으면 좋겠다.

글피엔 한전 철탑 공사현장에 간다.
연천군 미산면 화산리.
내가 군 생활했던 동이리에서 얼마나 떨어져 있으려나?
승용차를 가지고 가서 내가 한때 일등병으로 복무했던
동이리 부대에 한번 가보고 싶다.

58분이다.
뭘 더 쓸까?

생각하다 1분 더 갔다.

토요일엔 형규 아들 결혼식이 대전 카이스트에서 있을 예정이다.
동기생들 많이 오겠지?
일요일엔 벌초하는 날.
두밀리 선산에 갔다가
상색초등학교 총동문회 여름 천렵 모임에 참석할 예정이다.

12시 정각 일기 끝.

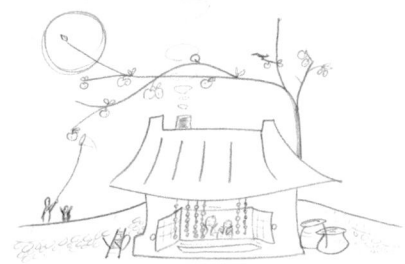

시간에 쫓기는 도망자

2013 06 30

사람에게 쫓기는 도망자 못지않게
시간에 쫓기는 도망자 역시
절박하고 초조합니다.
발이 뵈지 않을 정도로 달려서
환승 홈에 도착했는데
간발의 차이로 전철을 놓칩니다.
다음 차는 10분 뒤에 온답니다.

수염 깎는 일보다 잠자는 게
더 급하다 싶어 우선 잤습니다.
눈 떠 보니 또 늦었습니다.

세수, 양치, 가방, 핸폰, 옷은 대충.
단추 지퍼는 엘리베이터에서,
구겨 신은 신발은 택시에서,
채우고 닫고 고쳐 신어야 합니다.
그러니 열차 놓친 10분은 큽니다.

허둥지둥 헐레벌떡.
2013년 6월 말일, 나의 아침은
일요일인지도 모른 채
공릉동 박경호 감독 편집실로 달립니다.

대표작이 없는 마이너리거 PD

2010 11 10

"가치 있는 일을 하나도 못하고 죽으면 어떡하나?"
암을 극복한 아주머니가 kbs 아침방송에 나와서 한 말이다.
내가 올해 초부터 가지고 있었던
"나는 죽을 때 어떤 후회를 하게 될까?"라는 화두와 상통하는 말이다.

방송 다큐멘터리 만드는 일을 가치 있다 여기며 30-40대를 보냈다.
하지만 20여 년 끊임없이 만들어 낸 내 작품(?)들은
일회용에 불과한 생명력이 짧은 것들뿐이다.
자신 있게 내보일 만한 아무것도 없다.
지금 이대로 죽는다면 분명 나는 이것을 후회하게 되리라.
방송제작 일에 20여 년을 바쳤는데
내세울 만한 작품이 하나도 없다?

가치 있는 인생을 살기 위한
첫 번째 단계는 깨닫는 것이다.
내가 내 삶의 가치를 어디에서, 무엇에서 찾을 것인가를
우선 깨달아야 한다.
30여 년 전 나는 위대한 선택을 했다.
대기업 계열 회사의 영업소 창고지기를 때려치우고
28살의 대학 신입생이 된 일이다.
남산에 올라가 반짝이는 도심의 불빛을 내려다보면서

"내가 왜 아무런 보람도 없는 일에
이 아까운 청춘을 탕진하고 있는 걸까?"라고
끊임없이 나에게 물었다.
그 해답은 "샐러리맨으로서의 안정된 생활을 접고
내가 하고 싶은 일을 하자."는 것.
그래서 늦깎이 대학생이 되었다.

대학을 졸업하고
기자에서 프로듀서로, 프로듀서에서 비디오저널리스트로
열심히 뛸 수 있었던 것은 남산의 깨달음에서 비롯됐다.
하지만 20여 년의 세월이 흐른 지금.
20여 년 언론에 종사한 사람치곤 그 결과가 너무 초라하다.
매일매일 방송 시간을 때우는 일,
처자식 먹여 살리기 위해 어쩔 수 없이 해야 하는 일에만 매달려
허둥지둥 살았기 때문이다.
궁극적인 목표로 삼았던
'가슴속에 보람이 남는 일'은 별반 못했다.

가치 있는 삶을 살기 위한 두 번째 단계는
깨달은 것을 실행에 옮기는 것이다.
치열한 고민 끝에 깨달음을 얻었다 하더라도
그것을 실행에 옮기지 못하면
'위대한 깨달음' 자체가 무용지물일 뿐이다.
남산에서의 깨달음이 반짝반짝 빛나는 이유는
주변의 반대를 무릅쓰고

그 깨달음을 실행에 옮겼기 때문이다.

지금 내가 여기에 이런 글을 쓰고 있는 목적은 무엇인가?
몇 해 전부터 터득한 깨달음을
이젠 구체적으로 실행에 옮기자는 것 아닌가?
지금이야말로 내가 다시 도전해야 할 때다.
20여 년 계속해 온 방송일을
이렇게 뜨뜻미지근하게 마무리해선 안 된다.
"가슴 속에 무언가가 남는 작품을 기획하고 만들어 내자."
눈을 감는 순간에 떠오를 만한
'내 인생 최고의 걸작'을 향해 차근차근 나아가자.
지금 당장 실행에 옮길 것이 무엇인가?

후회합니다. 나는

2016 09 22

뼈저리게 후회하고 있습니다.
인생 막차가 아직은 떠나지 않았으니
그나마 다행입니다.

후회는 소용이 없다고요?
내 삶을 한 뼘이라도 바꿀 수 있다면
후회도 충분한 가치가 있습니다.
막차라도 타려는 절박한 심정으로
솔직하게 고백합니다.
나는 후회하고 있습니다.

진정 소용이 없는 후회는
해 보지도 않고 하는 후회,
죽기 직전에 하는 후회,
절박함이 없는 습관적인 후회일 것입니다.

소심하게 산 것을 후회합니다.
중요한 순간에 주저하며 결단을 미룬 것을 후회합니다.
더 절절하게 사랑하지 못한 것을 후회합니다.
솔직하게 고백하고 사과하지 못한 것을 후회합니다.
식솔들을 가난에 빠뜨린 것을
정말 뼈저리게 후회합니다.

어떤 삶이 생산적인가?

2014 09 10

한 10여 년 열심히 살았는데 아무것도 남은 게 없다.
결국 허둥지둥 대며 젊음과 시간만 탕진한 셈이다.
그동안 가정이라도 꾸려서 잘 건사했다면 그나마 밑진 삶은 아니다.
하지만 잘 건사해왔던 가정마저 깨졌다면 그야말로
본전 치기도 못한 삶인 셈이다.

소모적인 삶의 전형은 이렇다.
돈을 벌어야 행복해질 줄 알고 죽자사자 돈 버는 일에 매달렸다.
한 2십여 년 그랬더니 꽤 많은 돈이 모였다.
하지만 애당초 생각했던 것처럼 행복하지는 않다.
돈 버는 일에 올인했더니 부부관계가 서먹해졌고
아들딸과도 말이 통하질 않게 됐다.
잘나가던 사업도 부도를 내고 빚까지 지게 되었다.
그리고 가족은 해체되었다.
남은 것이 아무것도 없다는 말이 이런 상황을 지칭하는 것이다.

사실 돈만 바라보고 오로지 돈을 향해 돌진하면
소모적인 삶이 되기 쉽다.
돈은 삽시간에 사라지거나 불행의 씨앗이 될 수도 있기 때문이다.
그래서 돈을 벌어서 무엇을 할 것인지.
무엇 때문에 돈을 벌려고 하는지.

때때로 곰곰이 생각해 봐야 한다.

생산적인 삶을 살아야 한다.
시간이 갈수록 뭔가 쌓이는 삶.
세월이 흐를수록 가치가 축적되는 삶.
내 마음속에 묵직한 중심 같은 게 생기는 삶.

이런 삶은 구체적으로 무엇을 말하는 것일까?
사업가라면 어엿한 기업을 가져야 하고
예술가라면 그럴듯한 명품 명작을 완성해야 한다.
글을 쓰는 사람이라면 저서를 남겨야 하고
영상 다큐멘터리를 만드는 사람이라면
남들이 인정할만한 대표작을 만들어야 한다.

그렇다면 내 삶을 어떻게 해야 생산적으로 바꿀 수 있을까?
더 절박하게 고민하고 실천에 옮기자.

말의 유통기한 소멸시효

2014 05 23

상품에만 유통기한이 있는 게 아닙니다.
말에도 유효기간이 있습니다.
자주 쓸수록 좋은 말들은
대부분 그 유효기간이 짧고
가시가 돋쳐 상대방에게 상처를 주는 말들은
그 유효기간이 깁니다.

사랑합니다.
고맙습니다.
미안해. 용서해 줘.
이런 말들은 해야 할 필요가 생겼을 때
그 즉시 해야 효과를 볼 수 있습니다.

그러나 네가 뭘 잘했다고. 난 네가 싫어.
넌 나쁜 놈이야. 잘 되나 두고 보자.
이런 종류의 말들은 유효기간이 아주 길기 때문에
되도록이면 입 밖으로 내뱉지 않는 게 좋습니다.
어쩔 수 없이 하게 되더라도
즉석에서 말하지는 마십시오.

가시 돋친 말은 즉흥적으로 내뱉을수록
듣는 사람의 마음에
깊고 오래가는 상처를 남기기 때문입니다.

내 삶의 지표가 된 위대한 말의 유산
2024 08 22

돌이켜보면 내 삶의 변환기에 결정적 영향을 끼친 말이 있다.
모두 어머님과 선생님께서 내게 해준 말이다.

"종선이는 뭐든 이뤄내려고 애를 쓰는 사람이니까
앞으로도 계속 노력하며 살아야 해."
초등학교 졸업식장에서 선생님이 내게
노력상을 주시면서 하신 말씀이다.
열심히 공부했음에도 난 수우미양가로 평가되던 성적표에
우수수가 아닌 우우수에 미가 하나 섞여 있었다.
미술, 유난히도 손재주가 없었다.
초등학교 3학년 때는 미도 아니고 양이라는 평가를 받았던 기억이 나고
고등학교 1학년 땐 미술 선생님이 직접 내게
"넌 어쩜 그렇게도 그림을 못 그리냐?"라며
대놓고 핀잔을 주기도 했다.

좀 더 거슬러 올라가면 7살 되던 해 겨울,
어머니를 따라 서울 외할아버지댁에 갔었는데
잔칫상에 기다란 젓가락이 있었다.
난 그때 젓가락질이 서툴러 반찬을 제대로 먹질 못했다.
시골에서처럼 손가락으로 집어 먹어도 되는 분위기는 아니었다.
"앞으로 반찬은 꼭 젓가락으로 집어 먹어야 한다. 알았지?"라고 하시며

외숙모가 직접 내 손을 함께 잡고 젓가락질을 가르쳐 주셨다.

아무튼 나는 미술을 잘하지 못하여 우등상을 놓쳤다고 생각하며
조금 심드렁해 있었는데 박승만 선생님이 내게 다가와
"봐라, 우등상은 네 명이나 타는데 노력상을 타는 건 너 하나뿐이잖아.
너는 평생 노력하며 살아라."

선생님이 내게 남긴 이 말이 결과적으로는
나를 노력형 인간으로 이끌었다.
돌이켜보면 난 늘 새로운 일에 도전하고 그것을 성취하려 애썼다.
평탄한 길을 마다하고 부침이 좀 심한, 구부정한 길을 택했다.
대기업이라는 직장을 그만두고 대학으로 뒤늦게 역류한 것도 그랬고
기자에서 피디로 직분을 바꿀 때도,
뒷자리 승진을 마다하고 프리랜서로 전향할 때도 그랬다.
내가 가졌던 직분이나 명함만 봐도 내가 얼마나 애쓰며 살았던지.

"그래, 내 아들이 한 결정이라면 뭐든지 옳은 일일 거야.
네가 하고 싶은 대로 해 봐."
어머니가 내게 남겨주신 위대한 말 유산이다.
사실 내 어머닌 한글도 제대로 못 깨우친 무지렁이였다.
가난한 산골 농부에게 시집을 와 고생스럽게 한평생 사셨다.
40대 중반에 남편을 잃고 날품팔이 동태 장사하시며 나를 공부시켰다.
다행인지 불행인지 형들이 모두 일찍 돈벌이에 나섰기에
그나마 가능했는지 모른다.

어머니는 댓돌에 놓인 신발을 대충 걸쳐 신고 마당으로 뛰어나오셨다.
"에고, 니가 어쩐 일이냐? 연락도 없이."
파르르 떨리는 형광등 불빛 아래에서
어머닌 근심 가득한 표정을 지었다.
그해 겨울, 난 회사를 그만두고 대학입시 공부를 다시 시작했다.
어머니의 양해를 구하러 시골집에 내려갔던 것.
"당분간 어머니 용돈을 보내드릴 수 없을 것 같아요.
회사를 그만두고 대학 공부를 다시 해야겠어요."
어머니는 의외로 걱정 어린 좀전의 얼굴색을 금방 바꿨다.
언젠가 한두 번 본적이 있는 그 결연한 표정으로
"그래, 내 아들은 한 번도 어긋난 행동을 했던 적이 없어.
이번에도 넌 틀림없는 결정을 했을 거야."
어머닌 내 두 손을 꼭 잡아 당신의 무릎에 얹고 잠시 고개를 숙였다.
"고등학교를 졸업하자마자 막내아들이
서울 큰 기업에 취직했다"라며 동네방네 자랑을 했었다는
이웃집 아주머니의 말이 쟁쟁하게 되살아나면서 눈물이 핑 돌았다.

그랬다. 어머니는 항상 내 편이었다.
고등학생이 되고 나서부터는 내게 이래라저래라 한 적이 없고
기껏해야 "그래, 내 아들 잘 해봐."라는 정도로 그쳤다.
어머니가 내게 보내 준 무한한 신뢰가 내 삶의 전환기에 큰 힘을 보탰고
나는 결국 28살에 대학 신입생이 됐다.

"세상에는 말이야. 모든 사람이 갖고 싶어 하는 가치가 있어."
중학교 3학년 과학 시간에 선생님이 교단에 올라서자마자

아주 뜬금없는 이야기를 꺼냈다.
"너희들이 알아들을지 모르겠지만 오늘은 가치관에 대해
말해주고 싶어."
황현목 선생님은 좀 달랐다.
항상 말쑥한 정장을 하셨고 온화한 표정에 몸 매무새도 늘 단정하셨다.
그래서 맘속으로 나도 닮고 싶다는 생각을 가졌었다.

"사람들은 모두 돈을 많이 가지려 하거나 큰 권세를 누리려
하거나 명성 명예를 얻고 싶어 하거든.
즉, 재력 권력 명예, 이 세 가지 사회적 가치를 누구나 갖고 싶어 하는데
이 세 가지를 혼자서 다 가지려 하면 안 돼.
왜냐면 사회구성원들이 모두 갖고 싶어 하지만
무한한 가치가 아니거든."
그러나 당시에는 그 말의 뜻을 전혀 알아차리지 못했다.

"너희들은 차츰 어떤 가치를 우선 차지할 것인가를 정해야 하고
다른 가치에 대한 욕심을 접어야 하는 거야.
다시 말해 돈을 많이 벌어 부자가 됐다면
그 돈으로 권력이나 명예를 사려 해서는 안 된다는 말이야.
마찬가지로 각고의 노력으로 명예를 얻은 사람이
돈이나 권력까지 탐내는 것은 부끄러운 일이지.
돈을 많이 모은 사람은 부자로서 만족해야 하고
높은 명성을 얻은 사람은 그 명예를 죽을 때까지 지켜야지.
또 권력자가 그 권력을 휘둘러 재물을 쌓으면
언젠가는 권력도 재물도 다 잃게 될 것이야."

황현목 선생님이 수업시간에 뜬금없이 해준 이 말은
내가 새 삶의 목표를 세울 때 결정적인 지침이 됐다.
"그래, 우리 사회의 어두운 구석을 밝히고
경제적 부흥에 일조하는 것이 내게 주어진 사명일 거야.
나는 경제부 기자가 되어 명예를 우선 얻어야지."
직장을 그만두고 대학에 가겠다는 결심을 굳히면서
내 일기장에 기록한 글귀다.
나는 어렵사리 경제신문의 기자가 됐다.
돈을 탐내지 않았다.
기업의 정보를 미리 빼내어 그 회사의 주식에 투자하거나
남의 비리를 덮어주고 돈과 바꾸려 하지 않았다.
정치부 기자 노릇을 하다가 국회의원이나 정치가로 변신한 선배들을
결코 부러워하지 않았다.
정말 어쩔 수 없었던 한두 번을 제외하곤 촌지라는 것도 받지 않았다.
명절 때마다 봉투를 들고 찾아오는 출입처 홍보실장을 피해
전화를 끄고 하루 종일 떠돌기도 했었다.
일찌감치 "나는 돈 버는 능력이 없다."라고 아내에게 말한 뒤
모든 일의 우선순위에서 돈을 빼버렸다.
이것이 책에다 버젓이 쓸 수 있는 내 양심이다.
그러나 아내에겐 참으로 미안하고 또 미안하다.
그리고 정말 고맙다.

우여곡절 끝에 일간 경제신문에 산업부 기자가 됐다.
참 열심히 현장 취재를 했다.
하루 80쪽 내지 120쪽 정도의 원고를 써서 마감을 하고

저녁 술자리 취재에 다시 나서는 일과를 거듭했다.
어느 날 출근하자마자 편집국장이 날 불렀다.
"무슨 일로? 내가 무슨 큰 실수라도 기사에 쓴 걸까?"
사실 편집국장이 수습(신입) 딱지를 막 뗀 막내 기자를
대면한다는 건 아주 이례적이기 때문이다.
"박기자, 이거 자네가 어제 마감한 기사인데 오늘 보충 취재를 더 해봐."
박성기 국장은 〈대기업 그룹, 환경경영의 실태〉라는 르뽀 형식의
내 기사를 되돌려 주며
"이번에 낙동강 페놀유출 사태도 터졌으니 좀 더 보완하면 내일 아침
1면 머릿기사로 쓸 수도 있을 것"이라 말했다.
신출내기 기자에겐 그야말로 파격적인 제안.
배석했던 산업부장이 국장실을 나오며 내 어깨를 토닥였다.
사흘 뒤 내가 쓴 기사가 1면 머리와 산업 면 톱에 실렸다.
그날 마감이 끝난 뒤 국장은 나를 다시 불렀다.
"기자는 말이야 팔색조가 돼야 해.
무슨 얘기냐 하면 기자는 시정잡배들과도 어울릴 수 있어야 하고
고관대작들과도 능히 대화할 수 있어야 하는 거야."
박 국장은 기회주의자가 되라는 말이 결코 아니라며
"시장 상인들과 있을 때는 그들의 소통방식으로,
장차관 도지사들을 인터뷰할 때는 그들의 품격에 걸맞는 언행으로
그 분위기를 주도해야 한다."라고 했다.
나는 박 국장의 이 말을 30년 기자 선배가
아끼는 후배에게 준 '말 선물'이라고 생각했다.
"어떤 부류의 사람들과 어떤 상황에서 맞닥뜨려도
잘 어우러질 수 있어야 한다.

학력이나 직분, 연령 성별 행색에 따라 구분 짓고 차별하면 안 된다."
라는 뜻으로 새겨들었다.
그리고 이 말은 내 세상살이 처신의 길잡이가 되었다.

이제 내 주변 사람들, 특히 내가 아끼고 사랑하는 사람들에게
선생님이 내게 그랬던 것처럼, 어머니가 내게 남겼던 것처럼,
힘과 용기를 주는 말을 남기고 싶다.
이 책에 단 한마디라도 그런 말이 포함됐으면 좋겠다.

마음 세탁

2015 06 20

마음속에는 하루 한 장씩 얇은 천이 쌓입니다.
어느 날은 백지장처럼 하얗게
다음 날엔 엷은 보랏빛으로.

어릴 적엔 그 천에 어떤 물감이 떨어지느냐에 따라
그날의 마음 빛이 정해집니다.
어떤 물감도 잘 빨아들일 만큼
마음이 순수하기 때문입니다.

하지만 한 달 두 달, 한 해 두 해 연륜이 쌓이면서
마음의 천에는 얼룩이 하나둘 늘어납니다.
부정하고 불의한 일에 휩쓸렸던 날,
양심을 속이고 강한 자에 빌붙었던 날,
그 얼룩은 더 진하고 넓게 번집니다.
마치 누른 때 찌든 때처럼 얼룩은
다른 물감이 스며드는 것을 방해합니다.
그렇게 삼사십 년 켜켜이 쌓인 천들이
한 사람의 마음 빛깔을 결정짓게 됩니다.

마음을 세탁하자는 얘기를 하고 싶습니다.
얼룩이 더 찌들기 전에 마음속 천들을 모두 꺼내

팔팔 끓는 비눗물에 푹 삶읍시다.
삶아지는 동안에는 마음이 쓰리고 아프겠지만
깨끗한 마음을 되찾을 수만 있다면,
어린이들 마음처럼 순수해질 수만 있다면
나는 어떤 고통도 참아 낼 것입니다.

나의 맛 나의 색깔

2010 09 14

내가 만약 색깔을 가졌다면 어떤 색깔일까?
내가 좋아하는 초록빛일까?
아니면 싫어하는 빨강이나 회색일까?

나무들은 그 줄기와 잎을 통해 자신만의 색깔을 드러낸다.
특히 가을이 되면 가지 끝에 달린 잎사귀의 빛깔을 바꿔서
제각각 노란색 은행나무, 빨간색 단풍나무, 누런색 버즘나무가 된다.
같은 느티나무라도 어떤 것은 빨간색,
어떤 것은 노란색을 띠기도 한다.
가지 끝에 나뭇잎을 한 잎 두 잎 곱게 물들여서
나무 전체를 때깔 곱게 치장하는 나무가 있는가 하면
어떤 나무는 이른 가을부터 시든 낙엽을 뿌려대더니
앙상한 가지를 드러낸 채 볼품없이 서 있기도 있다.

사실 색이나 빛깔은 객관적이고 외향적인 특징을 가진다.
남들에게 보이는 것이 색깔의 본질이기 때문이다.
어쩌면 스스로 내보이고 싶은 색깔이 따로 있어도
남들이 어떤 색깔로 평가하느냐에 따라 그 색깔이 특정된다.
수많은 사람들이 5월의 나뭇잎을 초록이라고 특정했기 때문에
그것이 초록으로 특정됐다는 얘기다.

사람들은 또 어떤가?
어떤 이는 늘 주변에 희망이 되고 행복을 선사하며 살아가지만
어떤 이는 누구에겐가 늘 걱정을 끼치고 짐이 되어 살아간다.
먼저 사람은 반짝반짝 빛나는 밝은 색깔일 것이고
나중 사람은 칙칙하고 어두운 색깔일 것이다.

어떤 사람은 늘 활달하고 정열적으로 자기 삶을 개척하지만
어떤 사람은 늘 시간에 쫓기면서 허둥지둥 산다.
그리고 또 다른 어떤 사람은 차분하고 조화롭게 자신의 삶을
꾸려나간다.

빛깔로 치자면
처음의 사람은 채도가 높은 단풍잎이나 은행잎이 될 것이고
나중 사람은 누리끼리한 낙엽이 아닐까.
그리고 세 번째 부류의 사람들은
느티나무나 감나무의 가을 잎처럼 은은한 진홍색일 것이다.

그렇다면 나는 어떤 색깔일까?
재물은 많지 않으나 재능은 많은 편이다.
자립심과 자존감이 강한 편이어서
남들에게 해를 입히거나 걱정을 끼치는 행위는 흔치 않다.
주변에 기쁨을 주고 행복을 전파하려 애를 쓰는 편이다.
그러니 나의 색깔은 밝을 것이다.

하지만 내 삶의 방식을 특정 짓기 어려울 때도 많다.

때로는 열정적이고 도전적으로 살지만
때로는 삶에 지쳐 갈팡질팡하기도 한다.
대체로 조화롭고 무난한 편이며
약간 특이하다 할 정도의 인생을 살지 않았나 싶다.
그러니 나의 색깔은
밝으면서도 채도가 높지 않은, 은은한 색깔일 것 같다.
초록색이나 분홍색, 아니면 밝은 갈색.

사실 내가 좋아하는 빛깔은 연초록이다.
긴 겨울을 견뎌낸 숲 한복판에서
가지 끝에 매달려 봄볕을 쪼이는 싱싱한 초록색.
4월 말이나 5월 초쯤에 볼 수 있는 연초록 빛깔을 나는 꽤 좋아한다.
5월이 지나 녹음이 짙어지면
모든 나뭇잎들이 진한 초록색을 띠기 때문에
나의 색깔은 묻혀버린다.

내가 만약 맛을 가졌다면
어떤 맛이 가장 강할까?
색이나 빛이 다분히 외향적이고 공개적이라면
맛과 냄새는 주관적이고 내향적인 형질을 가졌다.
때문에 나의 맛과 냄새 역시
느끼는 사람에 따라 다를 수밖에 없는데
일과 사업 문제로 나와 부딪히는 사람들은
나를 철저하고 깔끔하다 할 것이다.
맛으로 치자면 매콤한 콩나물 해장국에 해당된다고나 할까.

친구들은 나에게 어떤 맛이 있다고 느끼려나?
다양하고 공평하게 친구를 대하려고 애를 쓴다.
진솔하고 깊게 사귄 친구들을 좋아한다.
원칙에 어긋남이 없는 범생이 스타일이다.
이 세 가지 특징에 딱 들어맞는 음식은 없지만
구수한 된장찌개에 가깝다고나 할까.

하지만 늘 집에서 부대끼고 살아야 하는 가족들은
나를 일벌레, 아니면 방관자적 가장으로 규정하지 않을까 싶다.
자상하고 품위 있는 아빠, 유머 있고 뚝심 강한 남편.
뭐 이런 이미지보다는 늘 일에 쫓기는 아빠,
살갑고 다정하지만 무능한 남편으로 자리매김했을 것 같다.
가족들에게는 담백한 무우국 맛이라고 해야 할라나?

나에게서는 어떤 냄새가 날까?
향기가 날까, 똥 냄새가 날까?
향기가 난다면 아카시 꽃처럼 찐하고 독한 향기일까.
아니면 찔레꽃이나 밤꽃처럼 은은한 향기일까?

소시민으로서 누구 못지않게 정직하게 살았으니
똥 냄새가 날리는 없다.
남을 해코지하거나 모함하지도 않았으니 구린내가 나지도 않으리라.
다만 어떤 향기가 날지 속단할 순 없다.
어쩌면 내가 두리뭉실하고 유연한 사고방식을 가져서
아무런 냄새도 안 날지 모른다.

냄새가 없는 사람은 멋이 없다는 것과 일맥상통한다.
그저 맹탕 같은 사람,
그래서 어떤 때는 그의 존재감을 느낄 수 없는 사람.
가끔은 내가 그런 사람이라고 느낄 때가 있다.
요란하지 않으면서도 한결같고 꾸준하다는 평가를 바탕으로
누군가가 나에게서
달맞이꽃이나 찔레꽃 냄새가 난다고 해줬으면 좋겠다.

고달픈 한 주일을 앞두고

2016 08 27

프리랜서의 비애, 운명 같은 것.
일이 없을 땐 돈줄이 바짝 마르도록 일이 없다가
일이 몰리기 시작하면 서너 가지 일이 겹쳐
정신 못 차리게 만든다.

다음 주에는 세 가지 일이 겹친다.
우송정보대학 가을 학기 개시 강의를 해야 하고
시의원 다큐멘터리도 그 첫 편을 서울교통방송에 납품해야 한다.
게다가 어제오늘 촬영한 인구교육강의 표본도
금요일 이전에 편집을 끝내야 한다.

아마도 사나흘 정도 밤을 새우게 되지 않을까.
당장 오늘 밤부터.
실은 어제 밤을 새우려고 했으나
오늘 조카 은미의 결혼식이 있는 날이라
일거리를 싸 들고 집으로 왔는데
잠이 푹 들어 버려 아침 알람 소리도 못 듣고 계속 잤다.
이제 서둘러 가편집 두 편을 마무리해야지.

슈나우저 교수와 미녀 삼총사

2015 11 11

대전에 한 대학 강의실.
내 일거수일투족을 예의 주시하며 강의를 듣는 여학생 삼총사,
희진이 민희 하연이. 녀석들 때문에 강의할 맛이 난다.
앞에서 둘째 줄에 나란히 앉은 녀석들은 강의를 듣다가
지들끼리 눈 맞추며 키득거린다.

오늘 강의 주제는 인터뷰 요령.
방송 인터뷰어로서 질문지는 어떻게 작성해야 하는지,
말투와 시선은 어때야 하는지를 가르쳐야 하는 시간이다.
강의실 뒤편에서 잠시 소란이 일었다.
허리를 굽힌 채 살금살금 강의실을 빠져나가는 몇몇 남학생들에게
"다음 시간에는 인터뷰 실습할 건데 참여 안 하면 실습 점수 없는 거 알지?"라고 했다.
한 학생은 주저 앉았지만 두 녀석은 머리를 긁적대며
강의실을 나갔다.
첫 시간 이론 강의를 마치고 잠시 쉬는 시간.
여학생 삼총사가 교탁으로 다가오더니 차례로 과자 상자를 내민다.
"교수님, 오늘 빼빼로 데인데 강의 좀 일찍 끝내주세요."
"무슨 소리야? 아직 준비한 거 절반도 못했는데."
"담 주에 또 하면 되잖아요."
"그때는 영상제 한다는 날이잖아?"

"그런데요, 저희가 교수님 별명 정했어요. 슈나우저."
"슈나우저라고, 그게 뭔데?"
"그 왜 눈썹 짙고 턱수염 긴 애완견 있잖아요.
교수님 웃을 때 보면 꼭 슈나우저 같아요. 헤헤."

니가 시를 쓴다고?

2021 05 27

지나는 개가 다 웃겠다.

글재주만으로 시를 쓰려 하지 않느냐?
솜씨만 갖고 글을 쓰면
속 빈 글, 거짓 글이 되기 쉽고
말재주가 화려하면 사기꾼이 되기 쉽다.

무릇 좋은 시라면
독자의 마음을 사로잡아야 할진대
단지 화려한 글 솜씨만으로 그것이 될까?

마음속 깊은 샘에서 솟아난 글이라야
그것이 독자의 마음에도 스며들 터.
마음이 깊지도,
샘물이 맑지도 않은데
어떻게 시 다운 시를 쓰겠는가?

얄팍한 마음, 흐릿한 양심,
지나친 욕심부터
걷어치우시게나.

지식의 품격 참 지식

2021 06 13

지식은 인식지 이해지 체득지로 나뉩니다.
눈으로 보거나 냄새를 맡거나 귀로 들어서 인지한 지식.
즉, "사과는 발갛고 매끈하며 시큼한 맛이다."라고 느끼는 것처럼,
오감을 통해 인지만 해도 되는 지식을 인식지라고 합니다.

오감으로 인지해서 머리로 해석해야 하는 지식,
이것은 이해지입니다.
인식지가 1차 지식이라면
이해지는 2차 지식, 복합 지식인 셈이지요.
예컨대 사과를 먹으면 신맛이 나는데
비타민 성분이 많아서 그렇다더라.
사과 한 개 값이면 자두 두 개를 살 수 있다.
뭐 이런 부류의 지식이 이해지입니다.

인식지나 이해지를 무한 반복적으로 체험해
몸에 밴 지식이 체득지인데
학자에 따라선 학습지라고도 합니다.
복합 지식이자 무한 반복 연습지인 셈이지요.
"빈속에 사과를 먹었더니 트림이 나더라.
그래서 사과는 새벽 또는 잠자기 전에 먹으면
속이 더부룩해져 좋지 않다."

한 번만 겪은 게 아니라
여러 번 그랬다는 뜻을 내포하고 있는 말입니다.
이처럼 여러 번 겪어보니 그렇더라고
느낀 지식이 체득지, 학습지입니다.

산촌에서 나고 자란 사람은 산에 오르내리며 수십 번 수백 번
소나무와 잣나무를 봅니다. 때로는 만져도 보고 냄새도 맡고.
그러면 자연스레 소나무와 잣나무가 어떻게 다른지 알게 됩니다.
도회지에서 나고 자란 사람은 특별히 나무를 연구하지 않는 한
소나무와 잣나무를 쉽게 구별하지 못하지요.

지식에도 품격이 있답니다.
그냥 인지만 해도 되는, 원초적인 지식보다는
인지해서 머리로 이해(해석)해야 하는 지식이
한 단계 높은 지식이라고 말할 수 있습니다.
제가 주목하는 지식은 몸에 밴 지식,
즉 체득지, 학습지입니다.
자신을 변화시키고 주변 사람들에게까지
선한 영향력을 끼치는 지식.
이것을 저는 참 지식이라고 말하는데요.
이 참 지식은 대부분 체득지에서 비롯됩니다.
단순히 아는 정도의 지식으로는 어림도 없고,
단지 머릿속에 든 지식이 많다 하여
자신의 행동이나 습관이 바뀌지는 않습니다.
머릿속에 든 것을 행동으로 옮기고 그것을 거듭해서 습관화된 지식.

체험이나 학습을 통해 절절하게 깨달은 지식.
즉, 체득지, 몸에 밴 지식이라야 자신을 바꿀 수 있는데
그 지식을 남들에게도 도움이 되도록 사용해야
참 지식이라는 것입니다.

근데 말입니다.
그 많은 지식을 쌓고도 남들과 나누기는커녕
오로지 자신과 가족,
아니면 자기가 속한 집단만을 위해
그 지식을 활용하는 나쁜 지식이
요즘엔 너무 많은 것 같지 않나요?

그래 깃털처럼

2021 09 18

그래 깃털처럼 가뿐해지자.
무엇에든 얽매이지 말자.
작정한 대로 될는지 모르지만
얽매이는 것을 나날이 줄여나가자.

시간의 압박
돈의 구속
인정사정의 굴레.
뿐만아니라 위신 체면 형식 나이 성향 등
나 자신을 얽어매는 그 어느 것에서도 벗어나자.

사정과 형편이 녹록지 않다면
허락하는 범위 안에서라도 나를
자유롭게 놓아 주자.
그렇게 마음이라도 가벼워지자.

바라는 것도, 욕심도 절반 이하로 줄이자.
그저 소박하게 단출하게 되는대로 살아보자.
깃털처럼 가볍게.

단풍인가 낙엽인가?

2021 11 06

단풍은 빨갛고 노랗고 화려하지만
낙엽은 누리끼리 불그죽죽하다고 하면 편견인가?

어쨌든 단풍은
울긋불긋 제 색깔을 드러내는데
낙엽은 곧 흙빛으로 나뒹군다.

단풍이라면 가지 끝에라도 붙어서 흔들리지만
낙엽은 바람에 흩날리거나 땅에 떨어져 썩는다.
내 신세는 과연 단풍인가 낙엽인가?

늘솔길 은행나무 단풍 아래로
묵은 낙엽을 밟으며 걷는 이 가을.
아직 살아있다는 것에 감사해야지, 그럼.

늙어가는 내 모습

2024 06 03

이삼십대 청년기를 넘기자마자 이마에 두 줄의 주름이 잡혔다.
형제가 모두 그랬다. 아버지에게 물려받은 것이나 마찬가지.
이마 주름이 세 줄로 늘어난 것은
PD 직분을 얻은 1998년 봄쯤으로 기억한다.
그해 IMF 사태가 터지면서 서울 외곽에 폐차장을 촬영하러 갔는데
그 회사 전무가 나를 보며 '가수 서유석을 닮았다'라고 했다.
이마에 주름 잡힌 게 똑같다는 것이다.
그래서 이마 주름이 내 늙는 모습의 시초라고 하기엔 좀 지나치다.

내가 처음으로 내 늙는 징조를 알아챈 것은 2016년,
그러니까 쉰일곱 되던 해 초가을이었다.
손등에 땅콩 모양의 약간 볼록한 반점이 서넛 돋았다.
처음엔 이게 뭐지 하면서 크게 괘념치 않았는데
그 이듬해 얼굴 오른뺨에 검버섯이 폈다.
봄엔 자그마하게, 희미하게 보였지만 가을이 되자 검고 크게 자랐다.
밖으로 나돌아야만 하는 직업 탓에
피부가 먼저 늙는 것이라며 아내가 걱정했다.
실은 우리 집안 내력에 검버섯이 많다.
벌초 때 가족 납골 묘지에 모였던 양평 당숙들,
설악면과 북면 형님들 얼굴에서 검버섯을 잔뜩 보았던 터.
일단 그러려니 하고 넘겼다.

2019년 말복 즈음, 피부에서 윤기가 사라졌다는 걸 알아챘다.
말하자면 젊은 피부에서 늙은 피부로 바뀌었다는 얘기다.
가평문화원에서 스마트폰 편집 강의를 마치고
돌아오는 길에 단골 이발소에 들렀다.
이발사가 목에 흰 휴지를 두르는데
(잘린 머리카락이 속옷으로 침투하는 것을 막으려고)
거울 속에 비친 내 목이 꽤 낯설었다.
잔주름이 득시글거렸다.
다음 주에 예정된 깨복쟁이들과의 환갑여행이 걱정됐다.
"종선아, 너 많이 늙었다. 얘, 살 좀 쪄라."
목주름보다 더 신경을 거슬리게 하는 주름이 2022년 여름에 생겼다.
눈두덩이 처지고 눈꺼풀에 주름이 잡혔던 것.
특히 눈꺼풀 주름은 노인의 상징이나 다름없기에
그 무렵부터 거울 보기가 싫어졌다.

흰머리가 본격적으로 늘기 시작한 때는 50대 중반.
선천적으로 새치 머리가 많은 편이었지만
첫 산문집을 냈던 2014년 여름엔 귀밑털이 하얗게 변했다.
그 이듬해부턴 이마를 덮는 머리가 희끗희끗해졌고
처음엔 그 모습이 싫지 않았다.
마치 일부러 염색한 듯 예술가적인 풍모를 자아냈기 때문이다.
하지만 환갑을 맞던 해부터는 속알머리까지 하얗게 물들어
검은 머리 절반 흰 머리 절반인 상태가 됐다.
한 삼사 년 아내가 약을 사다가 염색을 해 줬다.

치아에 문제가 생긴 것도 환갑 즈음이다.

어금니 일부가 떨어져 나가기 시작한 것.
딸이 위생사로 있는 이미지 치과에서 두세 차례 아말감 치료를 받았다.
작년 추석 때는 사랑니를 빼냈고
올여름엔 왼 어금니 아래 위를 거의 다 갚아 냈다.
일단 세라믹을 덧씌웠는데 잇몸이 자꾸 아프다.

2023년 말, 두 달 정도 모텔방을 전전하며 편집에 몰두한 적이 있다.
잠이 오면 그 즉시 잠자고 잠에서 깨면 조선상고사 영상을 편집하고.
생활 리듬을 깬 것이 큰 패착이었던 듯,
내 몸에 노환의 징후가 나타났다.
우선 새벽 비염이 심해져 콧등이 빨개지도록 코를 풀어야 했다.
잠을 깊이 못 자는 날도 생겼다.
자리에 누우면 1분 안에 잠들고 누가 업어 가도 모를 정도로
깊이 자는 게 내 잠버릇이었는데 올해 들어서는 상황이 변했다.
쉽게 잠을 못 이루고 겨우 서너 시간 자다가 깨는 일이 잦아졌다.

머리카락이 뭉텅뭉텅 빠지는 것도 여간 신경 쓰이는 게 아니다.
잠을 깊이 못 자는 게 원인인지 올봄부터 정수리께 머리가 훤해졌다.
풍성하고 약간 곱슬거렸던 내 머리도 어느새 흰머리투성이에
그마저도 듬성듬성 허접해졌다.

늙는 것은 어쩔 수 없다.
다만 퀘퀘하니 초라한 모습으로 늙지는 않았으면 좋겠다.
한 점이라도 우아하고 노숙한 모습이 보이길 기대한다.
늙는 것 또한 한 때일 것.
내 늙어가는 모습을 관망하고 싶다.

학생 청년 아재 할배를 지나

2023 01 18

해가 뜨고 해가 지고
하루 이틀 지나 눈 그치더니
보름달 기울자 한 달이 훌쩍 가버리더라.

꽃 피고 새우는 봄인가 싶었는데
어느새 무더운 여름으로 치닫고
단풍들고 열매 익더니
높푸른 하늘에 기러기 날더라.

노을 진 산마루에 눈발이 날리고
고드름 매달린 처마에 초승달 스치더니
겨울 봄 지나 텃밭 가득 장맛비 내리더라.

어린 학생 이팔청춘 꿈꾸듯 스러지고
아내 얻어 자식 낳고 일터에서 허둥지둥 과장 부장 지냈더니
어느새 머리는 벗어지고
다리에 힘 빠진 늙은이 되었더라.

봄 여름 가을 겨울
학생 청년 아재 할베.
세월은 늘 그렇게 한탄만 해야 할 요물인가?

이대로 그냥저냥 늙어 죽는 것이 맞는가?

체온이 다 식기도 전에 이 세상에서 잊혀지는 사람이 될 것인가?
아니면 짧은 유산이라도 남길 것인가?

나는 창작을 해 온 사람.
작품을 남겨야지.
다만 한 줄, 단지 한 쪽이라도 남겨야지.

공원 벤치에 앉아 쓰는 일기

2024 06 20

집에서 2km쯤 달려오면 이 작은 공원 마당에 닿는다.
이마에 땀방울이 송골송골 맺힐 즈음
난 마당 가장자리 벤치에 앉아 아침 일기를 쓴다.
올 봄 어느 날,
갑자기 떠오른 생각을 놓치지 않으려고
핸드폰 메모장을 연 채 벤치에 앉았던 것이 그 시작이다.

오늘도 30평쯤 되는 운동 마당엔
두 노인이 팔 그네에 매달려 있고
한 여인이 훌라후프를 열심히 돌린다.
까치가 깍깍거리고 비둘기가 구구대며 새 아침을 노래하는데
산들바람이 짬짬이 땀을 식혀 준다.
어디선가 나타난 크림색 길고양이.
사람을 자주 겪었는지
내게 다가와 먹을 것 좀 달라는 표정을 짓는다.
홀쭉한 배와 눈곱 낀 눈망울.
가엽고 측은하다.
내일부턴 고양이 사료를 주머니에 한 줌 넣어와야 할까 보다.

공원 일기는 책상 일기에 비해 훨씬 쓰기 쉽다.
우선 쓸 거리가 풍성하다.

공원 풍광이 곧바로 소재가 되고
마당에 들리는 온갖 소리를 주제 삼을 수도 있다.
때론 반짝 떠오른 아이디어를 메모하고
또 때로는 조만간 강의할 내용을 정리하기도 한다.

형식에 얽매이지 않고 즉흥적이며 자유분방하다.
열린 공간에서 열린 마음으로 쓰는 일기라서 그럴까?
아무튼 아침 운동을 멈출 뚜렷한 이유가 생기지 않는 한
집에서 조금 일찍 출발해 이 벤치에 앉아
일기 쓰는 것을 난 기꺼이 즐길 것이다.

나는 변태 중입니다

2018 12 04

나는 태를 바꾸고 있습니다.
60년 살았으니 이제 삶의 방식을 확 바꿀 때가 된 거죠.
애벌레와 번데기의 삶을 지나
이제 막 고치를 뚫고 나방으로 거듭나려는 시간.

기어다니지 않고 날아다니려 합니다.
날개를 펼치려 기를 쓰고 있습니다.
깃털처럼 가벼워지려 애씁니다.

이렇게 나를 달궈야만
날개도 튼실하고
때깔도 고운 나방이 되리라고 생각합니다.

나는 박각시나방이 되고 싶어요.
어떤 이들은 벌새라고 우기기도 하지만
박각시나방은 날갯짓이 힘차고 순간 이동에 귀재랍니다.

이 꽃 저 송이 향기를 따라 바람을 따라
자유롭게 날아다닐 겁니다.
산까치 울던 잣나무 정수리에도 앉아보고
구름처럼 두둥실 하늘 높이 솟구쳐도 보렵니다.

변태하지 못하고
고치 안에서 말라 죽진 않을 겁니다.
날개를 폈어도 몸이 무거워 날지 못하는,
무늬만 요란한 늙은 나방이 되진 않을 겁니다.

첫 출근, 과연 어떤 하루가 펼쳐질까?
2024 09 19

육체노동, 청소.
내 삶에 다소 생경한 단어가 등장했다.
고등학교를 졸업하자마자 금성통신에 들어가
사무직으로 일하기 시작한 뒤
내가 줄곧 해온 일은 머리를 써야 하는 일이었다.
대학을 졸업한 뒤 기자 PD 노릇을 했던 것도
치열한 정신노동에 종사한 것이다.
아주 어릴 적에 아버지를 따라 산 밭에 가서 김을 매거나
학창시절 방학 때 산에 땔나무를 하러 갔던 게
육체노동의 경험 중 유일한 것.
그래서 지난해 친구 영성이를 따라 건물청소를 하러 다녔다.
한 달 좀 모자라는 기간이었던 듯하다.
정말 소중한 경험이었다.

남동공단으로 청소하러 가는 첫날.
과연 어떤 하루가 내 앞에 펼쳐질까?
기꺼이 받아들이리라.
단지 청소하는 일을 몸으로만 받아들이는 게 아니라
청소부들이 사회적으로 어떤 대우를 받는지도 직접 겪어보고 싶다.
그리고 그런 상황을 무슨 억한 감정으로 받아들이지 않을 것이다.
"아, 그렇구나."라는 정도로 깨달았으면 좋겠다.

머지않아 청소를 즐길 수 있는 상황에 도달했으면 좋겠다.
다만 청소해야 할 곳이 도금공장이라
혹시라도 건강에 위협적인 상황에 놓이게 될까 걱정이다.
그럴 우려가 조금이라도 있다면 즉각 다른 직장을 알아봐야 하리라.

좋은 사람들 만나길 기대한다.
한솔테크라는 회사에 어떤 사람들이 일하고 있을까?
그들 중에 다만 두셋이라도 마음을 터놓고
퇴근 후에 막걸리 한잔 나눌 수 있는
정 깊은 사람이었으면 좋겠다.

제3장

창문 너머 어렴풋이 떠오르는
고향 생각

전 향수병이 있습니다.
해마다 이맘때면
고향 언덕에 피어오르는
아지랑이가 몹시도 그리워집니다.

뜬금없이 열차를 타고
가평역에 내려
자라섬으로 산유리로
북한강변에 쏘다니고 싶어집니다.

개암골에 쟁쟁한 매미 소리와
너린내에 너울거리는 눈물 소리를
듣고 싶어집니다.

밤꽃 향기 은은한 내 고향 마을

2021 06 09

내 고향 마을 영가리는
밤나무 벌판에 안겨 있었지.

요맘때 저녁 무렵엔
동고비 소쩍새 울고
밤꽃 향기가 온 마을에 번졌자.

밤벌에 벌통들이 줄을 서고
그물 매꼬자 쓴 양봉꾼들이
참 꿀을 뜬다며 바지런을 떨었지.

가지 무성한 밤나무들이
흰머리를 하얗게 풀어헤친 달밤.
꿀벌들이 밤새도록 앵앵거렸지.

밤꽃 냄새 향긋한 6월.
나는 어느새
어린 고향의 밤벌로 달려 간다네.

내가 살던 고향 영가리는

1980 06 11

칠악골 뒷동산으로 해가 뜨고 불기산 마루로 해가 지는 마을.
우리 마을은 주발봉 아랫마을 영가리입니다.
영가리는 다시 윗말 아랫말 건넌말로 나뉘는데요.
우리 집은 아랫말에 넷째 집이었어요.
흙벽 문지방 아래엔 널찍하고 평평한 디딤돌을 놓아
나란히 고무신을 얹게 했는데
아버지는 등잔에 쇠고리를 둘러 바람벽에 매달고
성냥으로 등잔불을 켜셨지요.
노간주나무 울타리에 바람 스치는 소리가 거세지면
식구들은 화롯가에 둘러앉아 고구마를 구워 먹곤 했어요.
꺼질 듯 말 듯 기다란 그을음을 치켜세우던 등잔불 밑에서
아버지는 톱날을 손질하고 엄마는 양말을 꿰맸습니다.
안영가리 철탑에 앉아 부엉이 울 때
마실 갔던 형이 휘파람 불며 돌아오고 안방에 불이 꺼지면
족제비가 돌담 위로 뛰어다니며 깩 깩 소리를 질렀지요.

개나리 울 밑에서 병아리 떼 종종거리는 봄이 오면
종댕이를 허리춤에 두르고 들로 산으로 나섭니다.
달래랑 냉이는 캐고, 혼잎은 뜯고,
고사리는 꺾어서 종댕이를 가득 채웁니다.
해 질 무렵 양태봉 모퉁이께 긴양회다리 초입에서

나물 장사가 꼬맹이들을 기다립니다.
혼잎은 한 종댕이에 10원, 고사리는 한 두름에 30원을 쳐줬습니다.
10원짜리 지폐로는 공책 한 권 또는 연필 두 자루를 살 수 있었고요.
미루꾸 두 봉지나 크림빵을 한 개 사 먹을 수 있었지요.

벌태봉 한복판에 상색 학교가 있고
벌태봉과 우리 영가리 마을을 가로질러 경춘선 철둑이
가평으로 내달렸어요.
그 철둑에 올라서야 산 아랫마을 영가리가 보입니다.
용이네 집에서 왼쪽 논두렁으로 방향을 틀면
명환네 바깥마당을 지나는데
모녀가 툇마루에 마주 앉아 빨래를 두드립니다.
처음엔 느릿하게 두드리다 점점 빨라지는 방망이 소리.
개미데미에서 내려오는 작은 개울을 건너 우리 집에 들어설 때까지
그 방망이 소리가 쟁쟁하게 들립니다.
학교에서 돌아오면 꼴 베러 가야 합니다.
아버지가 만들어 준 작은 꼴지게를 지고 진호네 뒷동산에 오릅니다.
사실은 벚도 따 먹고 놀기도 할 겸 아들메기 한 짐 베러 가는 중입니다.
혓바닥은 물론 입술까지 새까매진 친구를 마주 보며
"벚 먹고 체하면 똥물 마셔야 한 대."라며 깔깔 웃었지요.
베는 둥 마는 둥 꼴지게는 소나무 밑동에 걸쳐두고
현택이 할머니 산소에서 씨름판을 벌였지요.
잔디가 푹신하게 잘 자랐거든요.
어느 날엔 바지춤이 터져 어머니한테 부지깽이로 매를 맞기도 했답니다.
우묵골 잣나무 숲에서 뻐꾹새 울고 참나무밭골에 매미 소리 요란할 때

아버지는 지게 머리에 밥통을 매달고 산밭으로 어린 나를 데려가셨지요.
아침나절에 슬렁슬렁 콩밭에 김을 매고 뙤약볕이 퍼지면
계곡 물가 그늘에 앉아 시원한 오이냉국에 꽁보리밥을 말았지요.
냉국에도 고추장을 풀고 보리밥에도 고추장을 비벼
먼 산 내다보며 참 맛있게 먹었습니다.
그러고는 해가 기울 때까지 낮잠을 즐깁니다.
소요산 매미도 검은등뻐꾸기도 아련한 자장가를 불러줍니다.

맹꽁이가 울음을 그치고 장마철이 끝날 즈음 여름방학이 시작되고
우린 큰 개울에 멱을 감고 갯장반에 앉아 등판을 새까맣게 태웠습니다.
모래사장에 두꺼비집을 짓고 길을 내어 고무신 자동차로 놀았지요.
족대를 몰아 미꾸리 송사리 잡는 형들 곁에
종댕이 차고 따라다니는 재미.
그거 감자 수제비 넣은 매운탕 먹어 본 사람이면
누구나 잊지 못하는 추억입니다.

초가지붕에 새하얀 박꽃이 달빛에 반짝거리면
귀뚜라미가 울고 들판이 누렇게 바뀝니다.
마당에 멍석을 깔고 고추를 말리기 시작할 즈음
마른 쑥대를 잔뜩 쌓아 모깃불을 놓고
마을 사람들이 고춧내 나는 멍석에 나란히 눕지요.
북두칠성 꼬리 끝에서 북극성이 반짝이고
큰곰자리며 전갈자리며 그야말로 별천지가 뜹니다.
풀벌레 소리를 뒤엎을 듯 까르륵 깍깍 요란했던
누나들의 목소리가 차츰 잦아들고

은하수 가로질러 별똥별이 떨어질 때쯤 스르르 잠이 들었지요.

허니네 뒷간에 노란 국화가 탐스럽게 피면 어김없이 가을이 옵니다.
여름내 아이들의 술래집으로 바깥마당을 지켰던 배나무에서도
큼지막한 배가 툭툭 떨어지고 도랑 물가에 대추나무도
빨간 열매를 주렁주렁 매달고 차례상을 기다렸답니다.
아침 일찍 밤벌로 달려나가 알밤을 줍던 기억도 떠오릅니다.
거기 현자네 뒤꼍 도랑을 건너면 널찍한 밤나무 벌판이 있었는데
올밤나무 몇 그루가 일찌감치 아람을 털어내는 초가을,
어둠이 채 가시지 않은 새벽에 나가야 굵고 튼실한 알밤을
주머니 가득 주울 수 있었지요.
이슬에 젖은 바지춤을 고이며 얼른 집으로 돌아와
알밤 항아리를 채웁니다.
그 항아리에 알밤이 가득 차면 어김없이 추석날이 밝아옵니다.
"더도 덜도 말고 추석만 같아라."
산 마을의 추석은 연중 최고의 명절.
서울로 돈 벌러 나갔던 형 누나들이 상색역에 왁자지껄 내립니다.
선물 보따리를 양손에 가득 들고서 가족들의 환영을 받는 것이지요.
아마도 그중에 하나는 사탕 과자로 가득 찬 종합선물 상자가 아닐까.
사실 상색역은 하루에 4번만 기차가 서는 경춘선의 간이역인데요.
명절 때가 아니면 늘 한적한 임시 정차역이었던 것이지요.
형 누나 손 잡고 집으로 돌아오는 달빛 찬란한 논두렁 길.
풍금 소리와 함께 보름달처럼 떠오르는 노래가 있습니다.

보름달 둥근 달 동산 위에 떠 올라

어둡던 마을이 대낮처럼 환해요.
초가집 지붕에 새하얀 박꽃이 활짝들 피어서 달 구경하지요.

둥근 달 밝은 달 산들바람 타고 와
한없이 떠 가네 어디까지 가나요.
은하수 찾아서 뱃놀이 가나요.

모탱이 집 영순이가 부르는 노랩니다.
노래는 느티나무 꼭대기를 스쳐 지나서
우묵골 동산 위에 떠오른 보름달 언저리로 날아갑니다.
그래요, 마을 한복판엔 500살 짜리 느티나무가 서 있었지요.
늦은 밤 마을 터줏대감인 능구렁이가 나타난다는 그 느티나무.
지난 여름 동네 어른들이 그 가지에다 그네를 매달았는데요.
기다란 그네가 가을바람에 치렁치렁 흔들리며
보름달 노래를 들어 줍니다.
달빛은 느티나무 아래 봇도랑 물에 반짝입니다.
거기 빨랫돌 위로 빨간 대추 한 알이
툭 떨어집니다.

교실 마루 밑에 기어서 들어갔어요

2007 06 05

"또르르륵…쏙!"
아이쿠, 큰일 났다.
온전한 연필이라곤 그거 한 개뿐인데.
연필 한 자루를
기어이 마루 틈새로 빠뜨렸지 뭡니까.
며칠 전에도 몽당연필 한 자루를 빠뜨렸지만
오늘 빠뜨린 것은 새것이나 다름없기에
몹시 안타까운 일입니다.
엄마한테 꾸지람 들을 일도 걱정이고.

"어떡하지?"
이 궁리 저 궁리 끝에 결정했습니다.
마루 밑에 기어들어 가기로.

"땡 땡"
"땡 땡"
네, 맞아요. 끝 종.
시작 종은 세 번, 끝 종은 두 번이었던 것 기억나시지요?
현관 처마 밑에 매달렸던 놋쇠 종.
종 부랄에 연결된 끄나풀을
이렇게 당겨서

"하나 둘 셋, 하낫 뚤 셋!"
진짜로 치면 큰일 나요.
이건 교무주임 선생님이나 할 수 있는 일이거든요.
아무튼 3교시 끝 종이 울렸습니다.

"정말? 저길 기어들어간다고?"
짝꿍이었던 영호가 의아하다는 눈초리로 날 쳐다봅니다.
"그럼, 나라고 못 할 게 있남? 지난달엔 오돌이도 들어갔었는데."
우선 옷 소매를 걷어붙이고
하늘을 보고 반듯이 누운 다음
마루 밑으로 통하는 개구멍으로 일단 머리를 디밀었습니다.
교실 마룻바닥은 코에 닿을 듯 야트막하고
빛이 스며드는 틈새로 거미줄 먼지가 치렁치렁 매달렸습니다.
겁이 덜컥 납니다.
친구 녀석들은 마루 위에서 쿵쾅대며 야단법석을 떱니다.
하지만 기왕에 용기를 냈으니
어깨를 들썩이며 조금씩 안으로 안으로 들어갑니다.
마루 밑 중간쯤 다다랐을까.
어깨춤에 걸리는 무엇이 있습니다.

"가만, 이쯤이면 여자애들 자린데."
"더듬더듬"
지우갭니다.
어제 인숙이가 빠뜨렸다던 그 고무 지우갠가 봅니다.
이번엔 머리맡에 몽당연필 한 자루가 보입니다.
그리고 그 너머엔 아까 빠뜨렸던 내 연필도 보이네요.

"더 깊숙이 들어가자!"
여기저기 붓이며 각도기며 부러진 크레용 등
잡다한 학용품들이 보입니다.
아무튼 닥치는 대로 주워서 챙깁니다.

"땡땡땡. 땡땡땡"
"어이쿠 이거 큰났다."
마루 틈새로 미영이 눈동자가 휘둥그레 올려다보입니다.

"종선아, 빨리 나와. 시작종 쳤어!"
어깨를 들썩이며 부지런히 발버둥을 쳐보지만
몸은 여전히 제자리를 맴도는 듯합니다.
땀을 뻘뻘 흘리며
간신히 마루 밑을 빠져나왔을 땐
이미 선생님이 교실에 들어와 계셨습니다.

"슬금 슬금. 드르르륵"
"와 하하하."
교실이 한바탕 웃음바다로 변했습니다.

"너 이 녀석, 얼굴이 그게 뭐야.
굴뚝 청소하고 왔냐?"
이복용 담임 선생님은
제 빡빡머리에다 분필로 동그라미 두 개를 그려주시곤
"화장실 가서 얼른 닦고 와" 하십니다.

어쨌든 그날 저는 친구들에게 이쁨받았습니다.
인숙이 지우개도 찾아주고
영선이 크레용도 돌려주고
현식이 몽당연필도 찾아주고.

향나무 몽당연필

2020 06 14

딱딱한 나무 연필과 도루코 면도날.
아주 어릴적 기억이라 확신은 못하지만
엄지에 피멍이 들 정도로 깎기가 참 힘들었지요.

푸르스름한 필통과 향나무 연필을 얻게 된 건
아마도 초등학교 3-4학년 때.
연필 깎는 전용 칼로 향긋한 새 연필을 깎을 땐
정말 행복했었지요.

향나무가 제 살 깎이며 내는 향긋한 냄새.
오도독대며 깎이길 마다하는 연필심.
사각거리며 잘도 써지는 4B연필.

가평가는 청춘열차 차창가에 앉아
냄새의 추억에 흠뻑 빠져듭니다.
이 좋은 냄새를 왜 잊고 살았을까?

기회가 되면 친구들에게
향나무 몽당연필의 냄새를 선물하고 싶습니다.

창문 너머 어렴풋이 옛 생각이

2007 07 26

친구들은 여전히 공 차기에 열중합니다.
6교시가 끝나고
나머지 공부하던 아이들까지 운동장에 합세하자

"야, 상 하색으로 편 먹고 첨부터 다시하자."
"좋아. 짱께미 해. 꼴대를 정해야지."

잠시 후 상색 팀이 방첩대 쪽 꼴대를 차지하고
하색 팀이 뽐뿌가 있는 우물 쪽 꼴대를 차지한 채
떠들썩하게 축구시합이 벌어졌습니다.

"어이, 셔재! 나한테 연락, 연락! 패스!"
"야, 명기야. 기냥 숫해! 몰지 말고!"

바람이 절반만 차 있는 비닐 공을 따라
아이들은 정말 신나게 뛰어다닙니다.
어쩌다 제대로 세게 찼다 싶으면
비닐 공은 여지없이 골문을 넘어
저 멀리 논바닥에 "철퍽" 하며 떨어집니다.
그러면 그 공을 찬 사람이 양말을 벗고 논물에 들어가서
벼포기를 헤치며 공을 찾아와야 합니다.

나머지 아이들은 그동안 편안히 쉬는 거죠.

어느새 해는 불기산 마루로 넘어가고
공은 보일 듯 말 듯 어둑어둑해졌지만
아이들은 여전히 공차기를 멈추지 않습니다.
아마도 네댓 시간은 족히 뛰고 달린 듯.

친구들이 오늘따라 이토록 늦게까지 공을 차는 데는
다 이유가 있습니다.
조금 전부터 아이들은 교무실 창문을 자주 쳐다봅니다.

"야, 켜졌다!"

마침내 교무실 유리창이 환해지고
아이들이 슬금슬금 창문에 매달립니다.

"고국에 계신 동포 여러분 안녕하십니까?
여기는 한국과 말레이지아의 축구경기가 벌어지고 있는
태국의 수도 방콕입니다."

그래요. 오늘은 텔레비전에서 축구경기를 중계 방송하는 날입니다.
날이 어두워지도록 아이들이 공차기를 계속한 것은
바로 축구 중계 때문이었습니다.

잠시 후 교무실 유리창에는
열댓 명의 아이들이 쪼르라니 매달려

숙직 선생님의 눈치를 살핍니다.

"이 녀석들, 거기서 떠들지 말고 들어와서 봐라."
"우와!"
우당탕 쿵 탕.
선생님의 허락이 떨어지기가 무섭게 아이들은 교무실로 달려들어가
테레비 앞에서 자리다툼을 벌입니다.
"대신 조용히 앉아서 봐야 한다."
"네에!"
아이들은 이내 텔레비전 화면으로 빨려들어 갑니다.

"…이때 변병주 선수 잡아서 박이천 선수에게 패스했습니다.
박이천 선수 왼쪽 사이드 라인을 따라 치고 들어가다. 센터~링!
페널티박스 오른쪽에서 이회택 선수 잡아, 왼발 슛!"

"골인!"
"와아아아~"
"고국에 계신 동포 여러분 기뻐해 주십시오.
드디어 우리 한국팀이 1:0으로 앞서기 시작했습니다."

비록 희미한 흑백화면이지만
골을 넣고 기뻐하는 화랑팀 축구선수들은
상 하색 꼬맹이들의 우상이었습니다.
마을에서 가장 먼저 텔레비전이 설치된 초등학교 교무실.
김일 선수의 박치기도, 유제두 선수의 돌주먹도
교무실 흑백 텔레비전이 만들어낸 신화였습니다.

빗고개를 넘어 가평 상색으로
2020 04 30

난 향수병 같은 게 있다.
봄이 되어 산천이 파릇해지면 고향 마을에 가보고 싶어
안절부절못하는 일상이 며칠 동안 이어진다.
이 향수병을 달래기 위해 즐겨 찾는 산책로가
바로 상천역에서 가평역까지 경춘선 옛길이다.

상천역은 옛 경춘선 역사가 있던 곳에
복선 전철이 개통되면서 새 모습으로 단장했다.
전철로 바뀐 경춘선에 짙은 아쉬움을 가지는 까닭은
여기 상천역과 청평역, 그리고 가평역에 있다.
경춘선의 고향 역에 얽혀 있는 숱한 추억들이
어느 날 갑자기 콘크리트에 몽땅 갇혀 버렸다.
똑같은 모습으로 싸늘하게 바뀌어 버린
이곳 가평의 전철역들을 보고 있노라면
난 왠지 모를 화가 치민다.

상천역을 감싸고 있는 마을은 중감천과 행자골이다.
빗고개 쪽으로 방향을 틀어 중감천 마을에 들어서면
경춘선 고가교량 아래로 작은 시골 학교가 보인다.
상천초등학교.
50여 년 전 이웃집에 놀러 온 친구를 따라

무작정 걸어서 한번 와 봤던 곳이다.
희순이 고모네 집이 여기 초등학교 뒤편에 있었다.
빛고개를 넘어 터덜터덜 낯선 동네에 오다니
12살 박이 촌놈의 모험이었지.

이 학교에 다녔다는 친구들을 떠 올리며
찬찬히 돌아보니 아이들이 그린 벽화도 정겹고
어린 시절 추억을 다독이기 알맞은 곳이다.
철봉과 그네가 전나무 그늘에 숨어 있는데
운동장 언저리에 냉이와 꽃다지가 수두룩하다.
코로나19 사태로 아이들 개학이 미뤄지고
학교는 텅 빈 채 봄을 맞았으니
운동장에 핀 꽃들도 얼마나 외로울까?
아니, 다행인가?
아이들 발길에 채이고 밟혔다면
지금쯤은 그 잎사귀도 꽃도 온전치 못했을 테다.

초등학교를 지나 작은매골 초입에서
최골 쪽으로 고가도로를 넘으면 초옥동.
초가집들이 옹기종기 몰려 있던 마을이다.
빛고개 마루에서 초옥동을 내려다보면
고향의 봄 노래가 떠오를 만큼
벚꽃길이 멋진 동네였는데.
언제부턴가 빨간색 지붕의 건물들이 하나 둘 늘어나더니
지금은 초옥동 전체를 종교 집단들이 차지했다.

마을은 물론 큰매골 그 안쪽까지
모두 종교시설이 들어서서
여기 올 때마다 마을을 빼앗겼다는 생각이 든다.

상천의 원래 지명은 상감천이다.
감천 즉, 단물이 나오는 마을이란 뜻이다.
조선 초기 태종과 세조가 가평을 지나면서
마을 물맛이 달다고 말한 뒤
이곳의 지명이 감천으로 바뀌었다는 설.
아무튼 상천이란 지명은 위 감천, 상 감천에서 비롯됐다.
단물이 흐르는 상천 개울에 봄이 한가득 몰려온다.
봄 물소리 졸졸거리고 물까치들 가익가익 울며
고로쇠 나뭇가지에서 산누에고치가 팔랑댄다.

"산누에를 잔뜩 키워 고치를 빼면
초록색 명주실을 얻을 수 있을 텐데."
라고 학창시절엔 생각했었다.
요즘엔 아예 색깔 누에를 키워서 각양각색의 실을 뽑아낸다니
이젠 소용없는 생각이 돼 버렸다.

청평과 가평을 가르는 고개, 바로 빗고개다.
빗장을 건다는 말처럼
"걸어 잠그다." 또는 "경계를 짓다."라는 뜻이다.
이 말이 요즘엔 '빛' 또는
'비끼다' '삐뚤다'라는 뜻과 혼돈돼 쓰인다.

그래서 빗고개 빛고개 삐고개 등 부르는 사람마다 이름이 다르다.
하지만 향토사 연구원들에 따르면
경계를 짓다는 의미의 '빗고개'가 정확한 지명이라 한다.
그런데 왜정 때 지명을 한자어로 바꾸면서
빗고개를 색현이라 한 데서 혼돈이 시작됐다는 것.
윗 색현(상색), 아랫 색현(하색)도
이때 생긴 지명이 아니었을까? (고증이 좀 필요함)

내 향수병의 원인은 저 불기산의 노을이다.
고향 집 마당에서 내다보면 언제나 불기산이 보였다.
소나기가 쳐들어올 때도
경춘선 기차 소리가 사라질 때도
어머니가 큼지막한 나물 보따리를 이고 오실 때도
그 배경엔 모두 불기산이 버티고 있었다.
내 머릿속에 각인 돼 있는
장마가 물러간 여름날의 불기산 저녁놀.
거기 내 어린 삶이 오롯이 살아있다.

빗고개 아래 개미데미(포회촌)가 있고
옹기점 모퉁이를 돌아서면 벌태봉이다.
그리고 경춘선 철둑의 동남쪽에 영가리 마을이 있다.
행정지명으론 연갈리라고 하는데
나는 어릴 적에 입에 붙은 영가리가 더 좋다.
불기산이 빗고개를 내어준 다음 주발봉으로 연결되는 발치에
내 고향 마을이 있는 셈이다.

아침엔 주발봉을 넘어온 봄볕이,
저녁엔 불기산에 걸친 석양이 마을을 수놓는 곳.
하지만 지금은 마을의 절반 이상을
운전교육 부대가 차지하고 있어서 몹시 안타깝다.
지난해엔 마을을 관통하는 큰길까지 개통돼
마을 어른들의 안녕이 더욱 걱정스럽다.

상천역에서 가평역까지는 8.7km.
쉬지 않고 걸으면 대략 2시간쯤 걸린다.
여기저기 기웃거리며 쉬엄쉬엄 걸었더니
어둑어둑해서야 가평역에 도착했다.
동쪽 끝에 실개천이 흐르는 하색 들판을
더 찬찬히 들여다보지 못한 것이 아쉽다.

지린내 나는 화장실을 지나 자라섬으로
2024 06 28

가평문화원 강의를 마치고 남이섬을 돌아 나오니
저녁 시간에 불러낼 친구가 마땅치 않다.
내일 아침 북한강 물안개를 촬영하리라 맘먹고 집을 떠나왔으니
일찍 숙소에 들어가긴 싫다.
마침 한사촌 친구 중오가 혼자 있다며 읍사무소 앞으로 나온다 한다.
읍내사거리 개코 집에 막걸리 잔을 사이에 두고 마주 앉았다.
친구는 딸 지혜 얘길 많이 했고 나도 딸들 얘길 자주 섞었다.

숙소를 정하는데 좀 고민을 했다.
자라섬에서 가까운 호텔에 가려다 방향을 돌렸다.
자주 들렀던 모텔이 아무래도 싸고 편할 것이란 판단에서였다.
낯익은 할배가 웃통을 벗은 채
묵을 방을 안내하는데 화장실 냄새가 지독하다.
돌아서 나올까 하다 그냥 세수만 하고 잠을 청했다.
에어컨을 틀었지만 정말 지린내가 심하다.

새벽 4시쯤 선잠에서 깼다.
지린내를 온몸에 묻히며 얼른 양치질과 세수를 하고
편의점에서 바나나를 한 송이 사 들고 자라섬에 갔다.
늪산 마루에 안개구름이 희미하게 보인다.

"그래, 지린내를 견딘 보장을 아마 날씨가 해 줄 거야."
봄꽃 축제장을 갈아엎고 새 꽃밭을 조성하느라
자라섬엔 새벽 일꾼들이 분주하다.
남도 끄트머리에 전망카페가 있는 곳.
남이섬을 향해 카메라를 설치하고 해가 뜨기를 잔뜩 기대하는데
물안개가 산마루를 다 감추었다.
실망한들 뭔 소용이 있겠나.
그냥 꽃밭 가장자리 물가를 오르내리며 호기심이나 채우자.

백로와 왜가리들이 괴성을 지르며 터 싸움을 벌인다.
그런데 굴봉산과 새덕산 사이로 해가 떠오르며 상황이 급변했다.
산마루에 걸친 물안개가
아주 멋진 강변 풍광을 만들어 내기 시작했던 것.
양귀비꽃에 앵앵거리는 꿀벌들과 반짝이는 아침 이슬.
그물을 건지는 어부를 휘감고 도는 낮은 물안개.
그리고 고깃배 주변에 배경처럼 날아오르는 오리 떼.
나는 연신 카메라를 옮기며 촬영에 몰입했다.
30초 60초 120초.
물새 꽃이슬 산마을.
토막 난 짧은 시간들이 길게 이어진다.
느릿하게 흐르는 짧은 시간이 어느새 두 시간.
나는 이 정지된 듯한, 아주 고요한 아침이 좋다.
그야말로 눈물겹도록 행복하다는 느낌을 받는다.
대체 왜 난 자연 속에서 촬영에 몰입할 때
이토록 찐한 행복감이 밀려오는 것일까?

커피에 대한 쓰디쓴 추억

2020 03 28

어릴 적 우리 마을은
밤나무 벌판의 가장자리에 있었다.
우리는 그 밤나무 벌판을 밤벌이라고 불렀는데
동네의 동북부는 온통 밤벌이었고
뒷동산을 등진 웃말과 아랫말, 그리고 건넌말로 나뉘었다.
마을을 가로지르는 개울가에 집들이 옹기종기 모여 있었다.
그런데 겨울이 되면 밤벌에는 미군 부대가 훈련을 나와
천막을 치고 야영을 하는 일이 거듭됐다.

초등학생 시절, 1968년 69년 70년.
그러니까 한반도가 전쟁을 치른 뒤 20년 정도 지났을 때다.
그해 겨울에도 미군 부대가 요란한 소리를 내며 밤벌에 주둔했다.
덩치 큰 트럭들 수십여 대가 개울을 건너 밤벌로 줄줄이 들어서는 모습.
참으로 생경한 광경이다.
박격포나 기관총을 꽁무니에 매단 트럭도 있고 탱크와 장갑차도 있다.
우리와는 외모가 다른 백인 흑인들이 기다란 총을 메고 철모를 쓴 채
알아듣지 못할 이상한 말을 꽐라대며 밤벌로 진입하는 광경은
정말 두렵고도 놀라운 구경거리였다.

친구들은 이웃집 형과 함께 맞은 편 개울 둑에 나란히 서서
그 광경을 지켜보고 있었다.

갑자기 형이 둑 아래로 내려가더니 용감하게도 지나가는 트럭에다
뭐라 뭐라 소리를 질렀다.
트럭의 조수석에 앉아 있던 흑인 병사가 하얀 이빨을 드러내며 웃었다.
그러고는 누런 상자를 하나 차창 밖으로 내던졌다.
개울가 질펀한 모래톱에 떨어진 상자.
형은 그것을 냉큼 주워 개울 둑에 올라서며 '씨 레이션'이라고 했다.
미군의 전투식량 C-RATION.

상자 속엔 긴 깡통 1개, 조금 작은 깡통 2개,
그리고 참치캔 만한 깡통과 국방색 비닐봉지가 들어있었다.
긴 깡통은 형이 먼저 챙겼고 작은 깡통 하나를 땄다.
깡그리라는 깡통 따개로 뚜껑의 가장자리를 빙 둘러가며 도려내는 순간.
하얗고 동그란 과자들이 눈에 가득 들어왔다.

"와! 비스케또다!"
친구들이 동시에 소리를 질렀다.
형은 비스킷 과자를 친구들에게 하나씩 나눠줬다.
그런데 그 맛이 참 놀랍다.

"세상에 이렇게 달콤하고 특별한 맛이 있다니!"
먹을 것이 부족했던 그 시절,
겨울철 점심은 건너뛰는 게 일상이었고 아이들은 늘 배가 고팠다.
입안에서 사르륵 녹아버리는 비스킷.
그 배고픔을 단숨에 날려버린 것은 물론이고
과줄이나 산자 같은 한과와는 완전 다른 맛이다.

국방색 비닐봉지에서도 과자들이 쏟아졌다.
쿠키 크래커 땅콩샌드.

"우와! 천국으로 들어가는 맛이야."
친구들은 특히 땅콩샌드 맛이 좋다고 했다.

"형, 한 개만 더 주라~"
"그럼 앞으론 무조건 형 말을 잘 듣기다."
이번엔 짭짤한 맛이 나는 크래커를 두 개씩 나눴다.
얼마나 고마웠던지.

"형, 심부름 해주까?
구판장(마을 가게)에 가서 담배 사다 줄 께.
아부지가 사오랬다고 하면 되잖아?"
내가 냉큼 제안을 했다.
형은 담배를 끊었다며 시큰둥한 반응을 보였다.

"형, 근데 말이야 아까 그 매쿤(미군)한테 뭐라고 한 거야?"
"넌 어려서 갈켜 줘도 몰라."
"에이 그래도 한 번만 갈켜 줘라, 응?"
"그럼 내가 시키는 대로 해볼 꺼야?"
친구들이 형한테로 바짝 다가앉았다.

"따라 해 봐. 헬로우 갓뎀 니그로, 양키 고 홈!"
"헬로 까떼미..."

"헬로우 갓뎀 니그로, 양키 고홈!"
"헬로 까떼미 니그로, 양키 고우 홈!"
"그러면 과자를 던져 주나?"
"그러엄."

형은 미군이 과자를 던져 주지 않고 쫓아 오면
곧바로 도망쳐 와야 한다고 했다.

다음날 오후, 영가리 마을 아랫집 텃밭.
꼬마들 셋이 밤벌에서 천막을 치고 있는 미군들에게
살금살금 다가갔다.
진호가 먼저 작은 목소리로 외쳤다.

"헬로우 까떼미 니그로, 양키 고우 홈!"
얼핏 우리 쪽으로 고개를 돌린 흑인 병사.
"와앗?"

과자 상자를 던져 주길 은근히 기대하며
이번엔 셋이서 합창을 했다.

"헬로 까떼미 니그로, 양키 고홈!"
흑인 병사의 얼굴이 갑자기 험악해지더니
총을 들고 우리 쪽으로 다가 온다.

"야, 토사리 까자!"

꽁무니가 빠져라 달렸다.
마을 초입까지 뒤도 안 돌아보고 죽어라 달렸는데
형이 뽕밭에서 불쑥 나타났다.

"과자를 안 주더냐?"
땀이 흥건한 우리 얼굴을 차례로 들여다보며
형은 한참을 미친 듯이 웃었다.

"에고, 이 불쌍한 놈들아.
그렇게 말하면 안 되고 다시 따라 해 봐!"

"헬로우 웰컴 투 마이 컨츄리."
"헬로 엘커므 투 마."
"아니, 헬로우 웰컴 투 마이 컨츄리."
"헬로 웰콤 투 마이 콘트리!"
"……?"
"플리이즈, 짭짭 프레즌 깁 미!"
"프리즈 짭짭 프리젠트 기브 미!"
"아니아니 다시, 플리~즈!"
"플리~즈"
"옳지, 짭짭 프레슨 깁미!"
"짭짭 프리젠트 기브 미!"
"에이! 발음을 정확하게 해야 매쿤들이 알아듣지."

며칠 후,

우리 삼총사는 철조망이 둘러쳐진 미군 부대 막사 주변을 어슬렁댔다.
마침 미군 병사들이 천막 밖에 나와 큼지막한 뭔가를 먹고 있었는데
침을 흘리면서 그 모습을 바라보던 꼬맹이들.

"우리 그거 한번 해보자. 짭짭 프리젠트!"
"그 뭐 였지? 헬로…"
"헬로 엘코무, 프리젠트 짭짭…"
"기브 미, 기브 미 프리즈!"
"맞아, 헬로 웰컴 투 마이 콘트리.
프리즈 짭짭 프리젠트 기브미!"

지난번의 쓰라린 경험 때문에
더는 가까이 못 가고 30여 미터쯤 접근해서

"시~작!
헬로, 웰컴투마이 콘츄리!"
동시에 힘껏 소리를 질렀다.

"하이, 큐트!"
빨간색 십자가 완장을 찬 여군 병사가 우리 쪽을 보고 웃었다.

"하나 두울 셋!
프리즈 짭짭 프리젠트 기브 미!"

"와앗?"

여군 간호병은 오른손을 귀에 가져다 대며
못 알아들었다는 시늉을 했다.

"와! 알아 듣나봐? 다시!"
"짭짭 프리젠트 기부미 프리즈!"

다행히도 이번엔 험악한 흑인 병사들이
우리에게 관심을 보이지 않고 딴청을 피웠다.
잠시 두리번거리던 백인 간호병.
가방 안에서 과자 봉지를 꺼내면서 우리 쪽으로 걸어왔다.

"오케이, 히얼 잇츠 유얼스!"
우리는 마침내 국방색 과자 봉지를 하나 얻었다.
비닐봉지는 반쯤 뜯어져 있었는데
기대했던 대로 샌드와 크래커, 그리고 쿠키가 여럿 나왔다.
사이 좋게 서너 개씩 나눴다.
그런데 자그마한 봉지 하나가 더 들어있다.
손바닥 절반만 한.

"이건 뭐지?"
"짱께미해서 이긴 사람이 갖기로 하자!"
"가위 바위 보! 보! 보!"
"와아!"
용케도 내가 이겼다.

"야, 뭔가 한번 뜯어 보자!"
"아냐, 지금은 요 과자들을 먹고
봉지는 이따 집에 가서 뜯어 볼 꺼야."
친구들은 과자 맛에 팔려 이내 뜯어 보자는 말을 잊었다.

해질 무렵, 꼬맹이들은
나무 지게를 지고 안영가리 초입에서 다시 만났다.
끌터장등에 가서 땔 나무를 한 짐 베어오기로 약속했던 터.

"종선아, 그 봉지에 뭐가 들어있었어?"
헌용이가 내게 물었다.
"아차, 아직 안 뜯어 봤는데."
주머니에 꼬깃꼬깃 눌려 있던 작은 봉지를 꺼내
친구들 눈앞에 내밀었다.

"짠! 뜯어 볼까?"
"그래 빨리 뜯어서 먹어 보자!"

"애개, 이게 뭐야?"
친구들의 눈동자가 휘둥그레 커졌다.
봉지 속에서 정체불명의 흑갈색 가루가 터져 나왔던 것.

"여기 내 손바닥에 조금만 줘 봐!"
"이거 약 같은데."
"아냐, 울 아부지 약은 하얗던데?"

"너 먼저 먹어 봐!"
"아냐, 너 먼저!"
친구들이 서로 먼저 맛을 보라며 옥신각신하는 동안
"에라, 모르겠다!"
내가 먼저 가루를 입안으로 툭 털어 넣었다.
친구들도 덩달아 털어 넣었는데.

"악, 망했다. 퉤!"
"아이 써, 퉤!"
"캭 퉤!"
입안과 혓바닥이 까매진 채 논골 샘물가로 달렸다.
냉큼 맹물을 머금었다가 뱉었다.
거듭해서 몇 번을 가셨는데도 입안에는 쓴맛이 남았고
혓바닥도 검은 빛이 여전했다.

"설마 죽는 약은 아니겠지?"
"빨리 형한테 가서 물어보자!"
마침 형은 마을 논두렁에서
"너네 헬로 까떼미 니그로 양키 고홈,
그렇게 말한 거 아냐?"
"아냐, 형. 그거 있자나
짭짭 프레즌튼가 뭔가 그랬는데."
"그럼 오늘 밤 잠자기 전에
'하느님 살려 주세요'하고 100번 이상 빌어라."
"네, 백번씩이나요?"

"그러고도 낼 아침에 안 깨어나면 그냥 죽는 거다."
"에고, 큰났네."
꼬맹이들이 울상을 짓자
"그래도 니들이 그동안 형 말을 잘 들었으니
앞으론 부모님 말도 잘 듣겠다고 하느님께 빌면
살려 주실 꺼야, 걱정 말그라. 녀석들아!"

그것이 내가 처음 맛본 커피였다.
악마같이 쓴맛.
그러나 자꾸만 입맛을 잡아당기는 커피의 맛.

참나무밭골에 다시 가다

2015 08 22

풀잎 이슬 반짝이는
산 밭에 가고 싶다.

잡초 무성한 비탈밭에서
어머니 흔적을 캐내고 싶다.

졸랑거리는 산 밭머리 도랑에서
알 가진 어미 가재를 만나고 싶다.

칡넝쿨 그늘에 발 담그고
오이냉국에 고추장 풀어
보리밥 점심을 맛있게 먹고 싶다.

밭고랑에 이글대는 아지랑이처럼
그렁그렁 울어대던 소요산 매미.
그 끈적하고 낭랑한 울음소리를
올여름엔 꼭 한번 다시 듣고 싶다.

봄볕 살가운 고향 경기도 가평

2019 01 17

화악산(1468) 명지산(1267) 국망봉(1168)
석룡산(1153) 연인산(1068) 운악산(936) 축령산(886) 유명산(862)...

경춘선과 북한강
대성리 MT촌, 자라섬 남이섬, 그리고 청평호.

산이 높고 물이 맑은 산촌
가평은 내 고향이다.
경춘선 완행열차를 타고 2시간쯤 달려서
가평역 플랫폼에 내릴 때 정말 설렜다.
대합실 지붕에 얹힌 가. 평. 역. 간판이 보이면
친구와 가족들을 만날 수 있다는 기대감이
별풍선처럼 부풀었다.

축령산은 가평과 남양주에 걸쳐 있는 육산.
그 중턱에 잣나무 숲(축령백림)이 향기롭고
그 기슭에 아침고요수목원이 반짝인다.
원예학을 전공한 어느 대학교수가
화전민이 염소를 키우던 돌밭을 개간해
1994년 일반에 개방한 전통 정원이다.
개방 당시에는 고향집 정원, 야생화 정원, 아침광장 등

10개의 주제 정원으로 시작했으나
2018년 말 현재는 분재정원 하늘길 등
모두 22개의 주제 정원을 갖추고 있다.
봄에는 봄나들이 봄꽃축제
여름이면 아이리스 수국 무궁화 축제
가을이면 들국화 전시회와 단풍축제
그리고 겨울이면 오색별빛정원전이 열린다.
특히 2007년부터 시작된 오색별빛정원 축제는
매년 12월부터 이듬해 3월까지
정원의 밤을 화려하게 밝힌다.
10만여 평의 야외정원을 다채로운 조명과 빛으로
특별한 주제를 표현한다.

축령산에는 내가 자주 가는 또 하나의 명소가 있다.
경기도립공원 잣향기푸른숲.
축령백림이라 불리는 널찍한 잣나무 숲에 들어서면
그야말로 공기샤워를 하는 느낌이 든다.
나는 특히 너와집과 억새집이 있는 화전민 마을과
산 정상부에 있는 사방댐이 좋다.
너와집 툇마루에 앉아 깊은 상념에 잠기는 것도,
구부정한 잣나무 숲길을 천천히 걷는 것도
잣향기푸른숲에서 맛볼 수 있는 행복이다.

가평은 서울에서 가까운 산촌으로 역사 유적이 많다.
특히 조종면이라는 지명이 말하듯

조선조 초기의 역사가 서린 곳이 많다.
월사 이정구 선생은 조선 중기의 문인으로 한문학의 대가였다.
정묘호란 때 (인조 1627년) 병조판서로
왕을 강화도로 피신시켰으며
우의정과 좌의정을 지냈다.
이정구 선생은 월사집이라는 저서를 남겼는데
그 목판들이 13대 손인 연안이씨 종가집에 있다.
그는 신흠 장유 이식 등과 함께
조선 시대 4대 문필가로 명성을 얻기도 했다.

가평군의 남동쪽에 있는 운악산(936m).
그 중턱에 현등사가 있다.
신라 법흥왕 때 인도의 승려 마라하미를 위하여 지었다는 절이다.
고려 희종 때 보조국사 지눌이 중창하고
현등사라는 이름을 붙였다 하는데
지금의 건물은 대부분 영조 때와
순조 때(1411년) 중수한 것이라고 한다.
3층석탑과 지진탑, 함허대사부도 아미타좌불,
그리고 봉선사동종 등의 문화재를 간직하고 있다.
주차장에서 현등사까지 2km 정도의 등산로에
단풍나무와 고로쇠나무 숲이 아름답고
운악산에는 눈썹바위 치마바위 거북바위 등
절경이 많아 등산객들에게 인기 있는 곳이다.

청평호는 1943년 청평댐이 완공되면서

함께 조성된 인공호수다.
만수 면적 19km²(약 580만 평)
저수량 1억8천만 톤을 자랑하는
북한강의 대표적 수상 레포츠 명소다.
그 상류에 떠있는 섬이 남이섬과 자라섬이다.

새들과 함께 춤추고 노래하다

2020 07 29

경기도 가평은 군 전체면적의 80% 이상이 산악지역인 농산촌이다.
수도권 최고의 명산 계곡이 즐비한 청정 가평.
백패킹 트레킹 비박 산행 등
산을 좋아하는 사람들이 우리나라의 명품 계곡으로
주저 없이 꼽는 곳이 있다.

조무락(鳥舞樂)골.
새들이 춤추며 즐긴다.
이 명산 계곡에 선조들이 붙인 이름이다.
하지만 난 "새들이 조무락거린다."라고 해서
조무락골이 됐다는 해석을 더 신뢰한다.

가평의 산촌에서 자란 나는
'조무락거린다'는 뜻을 정확하게 체득하고 있다.
긴 겨울이 끝나고 계곡에서 얼음이 녹아 졸졸 흐를 즈음
새들은 양지바른 나뭇가지에 모여 앉아
마치 회의를 하듯 재잘댄다.
특히 참새나 촉새, 직박구리나 뱁새들이
떼를 지어 봄볕을 쬐며 조무락거리는데
계절적으로는 초봄과 늦가을,
시간상으로는 아침 볕들 무렵과 저녁노을 질 때

새떼의 조무락 소리를 듣기 쉽다.
재잘거리는 소리보다 작고 나지막하다.
소근거리는 것보다는 섞이는 소리가 많다.
'조잘대다'는 표현도 여기서 나오지 않았을까.

조무락골은 화악산과 석룡산을 가르며
적목리 용수동까지 6km가량 이어지는 긴 계곡.
계곡물은 용수목에서 가평천에 합류되어
적목리 백둔리 도대리 제령리로 흘러
자라섬 인근에서 북한강을 만난다.
사시사철 아름다운 계곡이지만
한여름 피서철이나 초가을 단풍 질 때
조무락골은 그 풍광이 절정에 달한다.
절경을 찍는 작가들이 이곳의 단풍 사진과
복호동 폭포의 한여름 물결을 많이 찍는다.
골뱅이소와 중방소 가래나무소 칡소 등
곳곳에 물놀이하기 좋은 웅덩이들이 많다.
걷기 좋은 산길이 완만하게 이어지고
대부분 흙길이어서 맨발로 등산하는 사람도 있다.

사시사철 그 풍광이 아름답지만
나는 장맛비나 뙤약볕이 쏟아지는 한여름,
가을 단풍이 절정에 달하는 10월 말쯤
조무락골에 가는 것을 좋아한다.

특히 5말 6초가 되면 '쪽박 바꿔달라'며 우는 두견새와 알 낳을 둥지를 찾는 뻐꾸기가 산자락에 자주 날아오른다.
게다가 소요산 매미 소리와 잣나무 가지를 스치는 바람 소리까지
계곡 물소리와 한데 어우러지면
조무락골엔 온통 자연의 소리 교향곡이 울려 퍼지는 듯하다.
죽기 전에 이 조무락골에 2-3년 살며
사계절 다큐멘터리와 조무락 교향곡을 만들어 내고 싶다.

실은 이 글을 공개해야 하나 말아야 하나 한참을 망설였다.
나는 이 계곡의 청정 자연이
원시림 상태로 잘 보존되길 바라기 때문이다.
하지만 이미 알려질 만큼 알려졌고 조무락골을 소개하는 글도 많다.
혹시 석룡산 계곡에 가시면 소곤소곤 대화하며 조심조심 걸으시고
냄새나 쓰레기는 절대 남기지 말고 자연에 동화되어 편안하게 쉬다가
살그머니 빠져나와 주셨으면.

석룡산 자락에 80여 년 사셨다는 임오준 할아버님의 오두막이
조무락골 중턱에 있다.
백수를 바라보는 연세에도 허리가 곧고 걸음걸이도 힘차다.
한국전쟁 70주년을 맞아 가평의 전쟁사를 기록하기 위해
할아버님께 참전 당시의 이야기를 들었다.

아침 햇살은 맑은 물에 너울너울 악보를 그리고
봄바람은 잣나무 가지에 걸려 바이올린처럼 앵앵거린다.
두견새 뻐꾸기 뭇 새들 모여 합창하는 조무락골.
물가에 살그머니 주저앉아 스무 살 청춘으로 돌아간 나도
누군가를 그리며 그 이름 목놓아 부른다.

한 줌의 쌀과 멧비둘기 부부

2025 05 23

멧비둘기 부부가 매일 아침 아파트 현관 근처에 얼쩡대더니
얼마 전 환풍구 근처 회화나무에 둥지를 틀었다.
운동하러 현관을 나설 때마다 둥지를 살피게 된다.
털북숭이 꼬물이들이 나뭇잎 사이로 보이기 시작한 건 지난주 목요일.
멧비둘기 부부의 종종거림이 바빠졌다.
벌레를 잡지 않고 오로지 알곡만 먹는 비둘기로서는
요즘 먹이 구하는 게 보통 일이 아니겠다 싶었다.
운동 마당에서 돌아오자마자 쌀 한 줌을 움켜쥐고
회화나무 아래 뿌렸다.
분리수거장 근처에 종종거리던 멧비둘기 부부,
한동안 나를 경계하는 눈초리다.
얼른 자전거 거치대 뒤로 몸을 숨겼더니 그제야 쌀알을 쪼아먹는다.
"그래, 많이 먹고 새끼들을 잘 키우거라."
두 마리 참새가 금방 눈치를 채고 날아왔다.

쌀 한 줌 뿌려 주길 며칠 반복했더니
비둘기 부부가 이젠 나에 대한 경계를 풀었다.
가까이 다가가도 날아가 버리지 않고 눈을 꿈벅 거리며
내 손을 쳐다보기 일쑤다.
어제는 방화수 우물을 덮어 놓은 노란 덮개 위에 쌀을 뿌렸다.
회화나무에서는 20m쯤 떨어진 곳,

참새나 까치가 눈치채지 못할 만큼 후미진 그늘이다.
다행히도 멧비둘기 부부가 나를 따라와 한 줌의 쌀을 금방 쪼아 먹었다.
오늘 아침엔 아내와 나란히 해안 길을 산책하는 날.
아내 몰래 쌀 한 줌을 주머니에 넣기는 했으나 잔소리가 두려워
방화수 우물 옆을 그냥 지나쳤다.
해오름 광장에서 해넘이다리까지 2km 남짓한 소래 해변 길.
주머니에서 쌀알들이 바드득 바드득 부대끼며
나를 아득한 옛날로 데려간다.

고등학교 1학년 6월 중순.
나는 교무실 앞 복도를 한참 서성거려야 했다.
가을 학기 수업료를 도저히 마련할 길이 없으니
학교를 그만두겠다고 담임 선생님께 말씀드려야 했다.
"어, 종선이 네가 어쩐 일로?"
홀어머니가 봄가을로 누에를 쳐서 그 고치를 팔아
내 학비를 마련했었는데
"그 해엔 고치 등급을 낮게 받은 데다 수업료도 올랐기 때문에
학업을 일단 한 해 정도 쉬어야겠다"라고 말했다.
당시 학생과장을 겸하고 있던 조영욱 선생님,
엄격하기로 정평이 나 있는 개코 선생님이
의외로 부드럽게 내 어깨를 두드리며
"걱정 마라. 무슨 수가 있겠지."라고 하셨다.

며칠 뒤 우리 반 친구들이 편지 봉투에 쌀을 한 줌씩 담아 왔다.
그것을 모아 읍내 쌀가게에 되판 돈이 내 수업료에 보태졌다.
덕분에 나는 고등학교를 무사히 졸업할 수 있었다.

"세상은 혼자 사는 것이 아니야. 주변 친지들과 어울려 살아야지. 네 형편이 좀 나아지면 언제든 주변의 어려움을 살피며 살아라."

내게 쌀 한 줌은 그렇게 소중한 것이다.
그때 내가 고등학교를 그만뒀다면 내 삶이 확 틀어졌을 것,
당시 우리 1학년 3반 친구들이 그립다.
아직도 교류하는 친구가 여럿 있으니 가평에 가면 그들을 불러내 그때 참 고마웠다고 고백해야겠다.

북한강 뗏목 놀이 가평아리랑

2021 11 28

남한강에 흘러 내려오는 정선아라리가 있다면
북한강에 흐르는 아라리는 가평 아리랑이다.
강물에 뗏목을 띄우고 이를 한강 하류로 옮기는 일을 했던
떼꾼들의 이야기가 아라리에 녹아 있다.

정선에는 아우라지가 있다면
가평에는 자라섬이 있다.
강물을 사이에 두고 이별하는 남녀의 사랑과 애정이
긴 여울처럼 늘어진다.

노랫말은 2행 1연의 장절 형식에 여음이 붙어있다.
늘어지는 긴 아라리에 이어
빠른 가락의 엮음 아라리로 부른다.

가평 아리랑

명지산 중턱에 초가집 짓고
옥계수 길어다가 밥 지어 먹세.
(후렴) 아리랑 아리랑 아라리요. 아리랑 고개로 넘어 간다.

족두리 봉우리 우지를 마라.
옥녀봉이 기다린다.
용추폭포야 짓쩗지 마라.
미륵 장군이 목욕을 한다.
한양 길 갈 적에 큰 마음 먹고
열두 고비 돌 적엔 발발 떤다.

섭지산 중턱에 실 안개 돌면
곡가리 여울에 배 올라가네.
자라목 술집네 술 걸러내게
한 잔 술 먹고서 한양 길 가세.
수덕산 선비님들 공부만 하나
꽃너미 아가씨들 다 늙어 가네.

강 건너 물 건너 정든 님 두고
한양 길 가려고 단봇짐 싸네.
양월삼경 깊은 밤에 단잠이 오나
그리운 내님이 기다려진다.

연인산 골짜기 불로와라.
우리네 삼부자 길쌈매게.
장자골 삼부자야 쇠암반 내놓게
잎네비 조부자 떡치러 가게.
(후렴) 아리랑 아리랑 아라리요. 아리랑 고개로 넘어 간다.

명지산에서 발원한 가평천과 그 주변 명소들이
줄줄이 등장하는 가평 아리랑.
옥계수 족두리봉 옥녀봉
용추폭포 미륵소 섭지산 연인산 소덕산
자라목 잎네비 꽃너미.
모두 다 가평의 정감이 넘치는 지명이다.

한석봉이 가평에 남긴 보물 보납산
2021 07 29

가평천.
명지산에서 발원해 북한강으로 흘러드는
가평의 대표적인 하천입니다.
34.8km. 단지 2~3km가 부족해 강이 되지 못하고
하천에 머무른 가평천.
그 가평천을 말없이 내려다보는 산이 보납산입니다.

오늘은 가평읍의 진산, 보납산에
아침 일찍 올라 보기로 했습니다.
자라목이라는 마을에 보납산 진입로가 있는데요.
싱싱한 숲속에서 산새들과 여름 매미들이
길손을 반깁니다.

보납산에는 조선 최고의 서예가
한호 선생의 이야기가 전해 내려옵니다.
선생은 임진왜란 직후 이곳 가평에서
군수로 재직했는데 이 보납산을 무척 좋아하셨답니다.
산 전체가 커다란 바윗덩어리여서 석봉이라고 불렸다 하는데요
선생의 별칭 역시 석봉이지요.
한석봉은 임기를 마치고 가평을 떠나면서
자신이 아끼던 붓과 벼루를 이곳 보납산에 묻었답니다.

그래서 보물이 묻어 있는 산, 즉 보납산이란 이름을
얻게 된 것이라네요.

완만하던 산길이 중턱에서부터 가팔라집니다.
바위 산의 허리춤을 동쪽으로 휘감아 오르는 길,
그 가파른 중턱의 끄트머리께 동쪽 전망대가 있습니다.
북한강 너머 강원도 춘천 방면이 멀리,
그리고 시원하게 내려다보입니다.
게다가 오늘은 물안개까지 자욱하게 피어오르며
부지런한 산꾼의 마음을 씻어 줍니다.
이 멋진 풍경을 나만 볼 수는 없지요.

보납산은 북한강과 함께
가평과 강원도의 경계를 짓는 산입니다.
그래서 가평 읍내를 내려다보려면 동쪽 전망대에서
서쪽으로 100여 미터쯤 더 올라야 합니다.
해발고도 329.5m의 야트막한 산이지만
서남쪽으로 길쭉하게 펼쳐진 가평읍을 내려다 보기엔
보납산 만큼 좋은 산도 없습니다.
산 정상에서 멀리 바라보면
자라의 머리라고 불리는 늪산이 있고
그 너머에 자라섬이 보입니다.
근처에는 가평역도 있습니다.

가평읍은 읍내리와 마장리 등 14개의 법정리와
잎너비 용추골 등 33개 자연부락에

대략 2만여 명의 주민이 모여 사는 군청 소재집니다.
정상에서 서쪽 하산 길을 택하면
그 중간쯤에 큼지막한 바위벼랑이 있는데요
그곳에 서면 가평읍이 좀 더 촘촘하게 보입니다.
보납산과 가평읍 사이에는 가평천이 흐르는데
그 가평천이 북한강에 합류하는 지점에
자라섬이 있습니다.

장마가 지고 홍수가 나면 늘 물에 잠기던 모래섬을
가평군이 30여 년 전 관광지로 개발해
사시사철 축제가 열리는 자라섬을 조성했답니다.
서도 중도 남도를 연결하는 다리를 놓고
서도에는 이화원 캠핑장 등 휴양시설을,
중도에는 째즈 페스티벌이 열리는 잔디밭을,
그리고 남도에는 산책하기 좋은 꽃밭을 조성해
수도권 관광객들을 불러 모으고 있답니다.

경기도 가평은 화악산 명지산 석룡산 등
1000m가 넘는 산들이 즐비하고
어비계곡 조무락골 유명농계 등 맑고 깨끗한 계곡이 많은
그야말로 산 높고 물 맑은 고장입니다.
보납산 계곡에 흐르는 물소리와
숲속에서 들리는 청아한 매미 소리.
모처럼 고향의 뒷산에 올라
눈을 씻고 귀를 씻고
마음마저 말끔하게 닦아냈습니다.

태봉으로 땔낭구하러 가던 날

2023 01 30

"우리 상색학교는 벌태봉 한복판에 고요히 자리잡고
귀여운 어린이들 고이 고이 기르는…"

내 모교 상색초등학교는 벌태봉 한복판에 있다.
마을은 태봉을 등지고 달전천을 끼고 도는
상색리의 중심이었다.
나 어릴 적에 학교란 동네 어른들의 회의 장소이자
아이들의 놀이터였고
마을의 문화예술 공연장이었다.

하지만 초등학생 시절 우리는 왜 마을 이름이 벌태봉인지
도대체 태봉이 어디있는지 잘 몰랐다.
두밀 계곡의 독점으로 소풍 갈 때
거기 태봉 곁을 지나면서
"저 산 어딘가에 왕의 태가 묻혀 있다."라는
정효영 선생님의 말씀만 어렴풋하다.

5학년 겨울 방학 때였던 것 같다.
어느 날 영가리 친구들은 평소와는 다르게
지게를 지고 철둑을 넘었다.
통상은 안영가리를 지나 참나무밭골이나 진골로,

아니면 웃말 모퉁이를 지나 빗고개 아래로
나무를 하러 갔었지만 그날은 현택이네와 승우 형네를 지나
주발봉 자락에서 방향을 틀어 상색역 머리맡에서
경춘선 철둑을 넘은 것이다.
개미데미 마을 초입에 옹기점이 두 개 있었는데
그 하나는 종수네, 또 하나는 관희네 것이었다.
참나무를 잔뜩 쌓아 둔 옹기점 마당을 지나는데
옹기 굽는 진흙 가마에서 희뿌연 연기가
스멀스멀 피어올랐다.
불기산 자락에 작은 도랑이 흘렀는데
그해 겨울이 얼마나 추웠던지
덧물에 또 덧물이 치고 그것이 얼어붙어
널찍한 얼음판을 만들었다.

"야, 좀 놀다 가자!"
"아니, 여기 말고 저기 행선 집 위쪽에 가서 미끄럼을 타자구."

거기 옹기점 깨부터 태봉까지 불기산 자락을 따라
얼추 1km쯤 얼음 길이 이어졌다.
사실 상색리에서 가장 으슥한 곳이 바로 그 행선 집에서부터
공동묘지로 이어지는 불기산 자락이었다.
주검을 운반할 때는 쓰는 상여를 우린 행선이라 불렀고
그 상여를 평소에 보관하는 집(당집)을 행선 집이라 했다.

20여m 곧게 자란 전나무 아래 쓰러질 듯
기대어 있었던 작은 전각.

거기에 상여와 장례 용구들이 보관돼 있었다.
당집을 지나면 나직한 기슭에 옹긋봉긋
봉분들이 솟아 있는 공동묘지가 나왔다.
우리 개구쟁이들 셋은 거기 공동묘지 아래
도랑 얼음판에서 신나게 미끄럼을 탔다.

공동묘지와 태봉 사이에는 제법 널찍한
산길이 이어졌는데 그 길이 슬그머니 사라지는 곳.
그곳이 오늘 우리가 땔감을 거둘 장소였다.
불기산 중턱 잣나무 숲 아래엔
몇 해 동안 거두지 않은 탐스런 검부재기들이
수북하게 쌓여 있다.
잣나무 또는 소나무의 마른 잎을 우린 그렇게 불렀다.
검불 아니면 검부재기.
그것을 갈퀴로 긁어 발(짚으로 엮은 거적)에 둘둘말아
집 부엌에 가져다 놓으면
어머니가 불쏘시개로 요긴하게 썼다.
그날 영가리 삼총사가 태봉 골짜기에 간 것은
그 검불을 한 짐 짊어오려던 것이다.

잣나무 검불을 한 짐 지고 돌아오는 길은
좀 수월한 길을 택했다.
병춘네 마당을 지나 태봉삼거리 방앗간 께를 스쳐
중색교회로 이어지는 벌태봉 가운뎃길.
마침 교회 마당 첨탑에서 종소리가 들렸다.
저녁 예배를 보는 날인가?

예배당 앞을 지나 도수 형네 논배미 깨로 나서면
영가리와 벌태봉을 가르는 두 개의 큰 길이 있었다.

경춘선 철길과 국도.
철길로는 하루 예닐곱 차례 기차가 다녔고
국도에는 띄엄띄엄 군용 지프 차나 산판 트럭들이 지나갔다.
국도 양쪽에 허름한 술집(금란옥?)과
기창이네 구판장이 있었는데
거기 길가 논두렁에 조금 낯선 돌덩이가 널부러져 있었다.
지금은 태봉의 중종대왕 태실 앞으로 옮겨진
바로 그 목 잘린 거북과 태실비였다.
우린 종종 그 태실비에서 미끄럼을 타고
거북등에 걸터앉아 쉬어 가곤 했다.
그날도 나무 지게를 구판장 초막에 기대어 놓고
돌 거북과 태실비에서 한바탕 놀이판을 벌렸다.

"야, 이 거북이 누가 요렇게 등껍질까지 이쁘게 새겼을까?"
"난 이 거북이가 왜 목이 잘렸는지 궁금해.
아무래도 귀한 돌 같은데."

학창시절을 지나 내가 군인이 되었을 때
그 돌거북과 비석의 비밀이 드러났다.
산 주인이었던 원 내시가 장례를 치르려고
태봉에 묘 자리를 파헤치던 중
큼지막한 돌항아리(태옹, 태함)가 발굴됐던 것.
다시 여러 해가 지난 1987년 여름,

경기도와 가평군은 본래의 자리에 중종대왕 태실을 복원하고
가평군 향토문화재로 지정했다.

상색리에서 처음 태봉문화제가 열린다길래
열일을 제쳐두고 가평으로 달렸다.
까까머리 초등학생에서 환갑노인으로 바뀌어
다시 벌태봉 한복판에서 모교의 교가를 듣게 될까?
아침 안개가 채 걷히지 않은 상색초등학교.
아쉽게도 모교의 교가는
내가 어릴 적에 불렀던 것이 아니었다.

"가평 마을 한 곳에 자리잡은 터
불기산을 등지고 남이섬 품고
나라 밑천 싹트는 희망의 터전."

전교생이 60명 뿐인 작은 시골학교.
400여 명의 어린이들로 북적댔던
50년 전과는 사뭇 다른 분위기다.
하지만 허전함과 무상감에 앞서
포근함과 정겨움이 더 진하게 풍기는 내 모교.

"운동 마당에서 교가 소리가 들리면 벌써 지각인 거다.
교가 제창은 통상 아침 조회의 마지막 순서이기 때문이다.
경춘선 철둑을 넘기 전에는 이 소리가 안 들리지만
철둑 마루에 올라서면 교가 소리도,
학교 종소리도 또렷하게 들린다.

철둑을 넘어 중색교회 앞 마당을 지나
논두렁 길을 따라 일순이 형네 뒤꼍으로 달려야
한 5분 만에 학교 운동장에 들어설 수 있다.
만약 조회가 끝나고 친구들이 바로 교실로 들어갔다면
꼼짝없이 지각 회초리를 맞아야 한다.
반 친구들이 화단이나 울타리 밑을 청소한다며
어슬렁대길 바라며 숨이 턱에 차도록 달렸다."

- 책 〈부뚜막에서 꺼낸 운동화〉 중에서 -

산수유나무 아래에서

2025 01 22

아주 어렸을 때 네댓 살 무렵,
산수유를 처음 만났지요.
이웃집 허니네 돌담에 비스듬히 기대어
나무는 내게 쉼터를 내어 주었지요.
기둥은 번들거리며 윤이 났고
가지는 구불거리며 동쪽으로 뻗었지요.
우린 그 나무를 약재 나무라고 불렀어요.
그런데 나무 기둥이 번들거린 것은
단지 나무껍질이 벗겨졌기 때문만은 아니었어요.
동네 아이들의 손때가 잔뜩 묻었던 것.

영가리 마을 허니네 바깥마당엔
두 그루의 나무가 서 있었는데
산수유가 그 하나였고
다른 하나는 맞은 편 텃밭 머리에 있었지요.
큼지막한 배나무.
아이들은 그 두 나무를 술래 집으로 삼아
술래잡기나 다방구(찐도리) 놀이를 즐겼는데요.
특히 약재 나무는 비스듬하게 굽어서
술래의 등받이가 되거나 걸터앉기 좋았지요.

한 20여 년 지난 뒤
기자라는 직함을 얻어 구례 산동마을에
봄꽃 축제를 취재하러 갔는데
마을 풍광이 참 놀라웠어요.
쇠작골 언덕마루에 올라서자마자
입이 딱 벌어졌던 것.
만복천이라 했던가요?
개울가에 산수유가 기다랗게 줄을 섰고
온 마을이 금빛 찬란했지요.
사방에서 꿀벌들이 윙윙거리고
사람들은 새해 농사를 서둘렀어요.
우리나라의 봄이 이곳 지리산 골짜기,
산수유 마을에서 시작된다는 느낌을 받았어요.

서너 해가 지난 뒤 PD100이라는 소형 캠코더를 들고
마을에 다시 방문했을 때는
산수유가 주렁주렁 매달린 늦가을.
집집마다 마당에 멍석이 깔려 있고
그 위에 산수유 빨간 열매가 가득 널려 있었지요.
마을 아낙들은 적당히 마른 열매를 골라
앞니로 살짝 깨문 뒤
그 씨를 발라내고 과육만 망포에 담고 있었는데
나는 그제야 산수유를
왜 약재 나무라고 했는지 알게 됐어요.

한방에서는 산수유가
음기를 보강하는 성질이 있다 하여
성기능이 약하거나 허리가 아픈 사람들이
다려 먹으면 좋다 했지요.
간과 신장을 보호하여 회춘 효과를 기대할 수 있으며
장복하면 야뇨증이나 이명을 치유할 수 있다는
이야기를 마을 어르신들이 들려주셨어요.
그런데 씨를 빼내느라 오물거리는
아낙들의 입술이 잔뜩 부르터 있더군요.

"에고, 그래도 이 짓으로 5남매 다 공부시켰고
큰아들은 올해 둘째 손주를 낳았어요."

시집와서 30여 년 그렇게 가을을 보냈다며
활짝 웃으시던 그 아주머니.
여전히 건강하게 살아 계셨으면.

그래, 어릴 적에 내 입술도 가을엔 팅팅 부르텄었지.
먹을 것이 없었던 그 시절.
허니네는 약재 나무 열매를 거두지 않았다.
아이들이 따 먹어도 나무라지 않았다.
그래서 종종 그 붉은 열매를 따서
입에 넣고 오물거렸는데
과육은 신맛이 아주 강합니다.
생각하는 것만으로도 입안에 침이 고이는걸요.

그런데 그 씨에는 독성이 있는지
네댓 알 오물거리다 보면 입술이 트고
혓바늘이 돋았지요.

지지난해, 우리 논고개 마을에선
장미원과 늘솔길에 산수유를 빼곡하게 심었답니다.
늘솔길 연못가에 있는 산수유가 튼실합니다.
여름내 연꽃에 빼앗겼던 눈길을
초가을부턴 산수유가 되찾아 오지요.
가을볕에 바알갛게 익어가면서
못가에서 쉬어가라고 길손을 유혹합니다.
내 폰 카메라가 가만있을 리 없지요.
마침 커피 한잔 사 들고 나왔으니
늘솔길에 서성대며 산수유와 눈인사를 나눕니다.

고맙네, 수유.
세상이 온통 누리끼리할 때 너라도 붉은빛 밝히니
내 눈이 호강하는구먼.

이른 봄 가장 먼저 달려와 봄기운 북돋아 주고
눈 내린 한겨울 늘솔길 못가에서
눈 모자를 쓴 채 꼬들꼬들 말라가는 네 모습.

그려. 네가 최고여.
우린 늙어가는 것이 아니라

조금씩 익어가는 거야.

내 평생 너 같은 친구가
또 있겠느냐?

꽃 필 때나 열매 달고 눈 맞을 때나

2024 01 23

올 한해 내 핸드폰에 가장 자주 찍힌
내 나무 친구는 산수유다.

노란 꽃을 촘촘히 매달고
어린 애들 소풍 반길 때도 그랬고
한겨울 진눈깨비를 머리에 이고
발갛게 발갛게 속으로 여물 때도 그랬다.

꽃이 예쁘면 열매가 볼품이 없고
열매가 고우면 그 꽃이 엉성하게 마련이지만
올해 산수유는 꽃도 열매도 풍성하고 탐스러웠다.

이웃집 돌담에 비스듬히 기대어
동네 아이들 숨바꼭질 지켜줬던 약재 나무.

속 씨 빼내 가을볕에 말리느라
산동네 아낙들의 입술이 시나브로 부르트는 것처럼
꼬들꼬들 주름져가던 산수유.

봄철 햇병아리처럼 화사했을 때나
흰 머리 잔주름 가득한 지금 늙은 때나
나도 산수유처럼 때깔 곱고
사는 맛이 은은했으면.

카톡 문자로 대신하는 설 세배
2022 02 26

마음을 주고받으며
정을 나누는 방법도 세월 따라 변한다.

손수 지은 농산물을 정성껏 보따리에 싸서
직접 전달해야만 했던 시절도 있고
손편지를 보내거나 공중전화를 걸어야만
소식을 전할 수 있었던 시절도 있다.

하지만 이제는 핸드폰을 통해
짧은 문자를 보내거나 카톡에 사진을 올리는 것으로
명절 인사에 갈음한다.
참 편한 세상이다.

하지만 카톡 문자에 정성을 들여 봤자
얼마나 정성이 묻어날까?
더구나 그 짤막한 글마저도 어디선가 복붙한 것이라면
과연 정성이라 할 수 있겠나?
마음을 전하는 수단이 간편해진 만큼
정성도 진심도 가벼워졌다.
참으로 안타까운 현실이다.

세배를 한답시고 모처럼 친구 집에 들러 넙죽 절하면
마땅히 내어줄 게 없었던 어머니는
강냉이 한 사발로 절값을 대신했다.
그 마음이 얼마나 깊은 사랑이었는지.

문득 50년 전 영가리 마을의 겨울이 떠올라
코끝이 찡하다.
따뜻한 마음이라도 건네야 하는 게 아닌가.
친구가 지금 고되고 아프다 하니
손 편지라도 한 장 써 보내야 하지 않을까.

느릿하더라도 행복한 길로 함께 가십시다

2015 11 10

빛고개 언덕에 파란 집이 있습니다.
석양에 금빛으로 물드는 그림 같은 집.
상감천 역에서 언덕마루에 파란 집으로 가려면
두 갈래 길이 나옵니다.
하나는 집으로 곧장 뚫린 자동차 도로이고
다른 하나는 언덕을 에두르는 구부정한 오솔길입니다.

대기업에 다니는 아들은 승용차로
아침 일찍 나가고
그 집 딸은 오솔길로 찬찬히 걸어서 직장에 다녀옵니다.
해 질 무렵 들국화를 한 아름 품고 돌아온 딸.
꽃병에 꽂으며 흥얼댑니다.
"날 저무는 꽃길로 휘파람 불면서
아이들도 지금쯤 소 몰고 오겠네."
그러나 아들은 자정이 다 돼서야
초췌한 얼굴로 거실에 들어섭니다.
"아, 국화 향기! 벌써 가을인가?"

우린 너무 빨리 가려고만 하는 게 아닐까?
곧장 뚫린 빠르고 편한 길 보다
느직하고 구부정한 오솔길이

훨씬 더 행복할지도 모르는데 말이지요.

빠르게 달려가면 이것저것 살필 겨를이 없습니다.
그러나 느릿하게 걸으면 여기저기 기웃거리면서
느끼고 감동할 짬이 생기게 마련입니다.
그리웠던 사람, 따듯한 사람과 함께 걷는다면
더더욱 행복할 겁니다.
더 느릿하게 더 멀리 걷고 싶어지겠지요.

일주일에 하루나 이틀쯤은
가을볕이 따사로운 황톳길이나
단풍이 곱게 물든 공원길로 찬찬히 걸어서
출퇴근해 보는 게 어떨까요?

제4장

사계절 4색 걷는 즐거움
산책

갈매기 소리를 들으며
해안 길을 걷고
매미 소리에 발맞추며
동산 길을 걷고
풀꽃 이슬에 눈 맞추며
공원 길을 걷는 기쁨

혼자 걸으며
여기저기 기웃거리고
함께 걸으며
도란도란 얘기 나누고.

걷는 즐거움이
단지 이것뿐이랴?

내 소중한 길벗들

2023 07 28

오며 가며 나와 눈 맞은 생명들.
해맑은 꽃 빛으로
감미로운 목소리로
내게 인사해 준 반가운 내 친구들.

앙증맞은 몸짓으로
향긋한 냄새로
나를 품어 준 고마운 내 길벗들.

공원에서 길가에서 함께 살아 숨 쉬니
행복합니다.
참 감사합니다.

얼마나 소중한 생명인가?
얼마나 반가운 내 길벗들인가?

소래포구 마을 둘레길을 걸으며
2021 07 13

어릴 적에 학교에 걸어 다녔지요. 한 4km 정도.
무거운 가방을 들고 잰걸음으로 걸어야
시작종이 치기 전에 교문에 들어설 수 있었죠.
한 발 두 발 걸음을 옮길 때마다
책가방이 장딴지에 부딪혀
교복 바짓가랑이가 하얗게 닳아 헤졌지요.
그렇게 한 5~6년 학교에 걸어 다녔더니
빨리 걷는 것에 익숙해졌답니다.

산책다운 산책을 즐기게 된 것은
인천대공원 근처 장수동에 집을 장만하면서부터.
한 10여 년 아내와 딸들을 앞세우고
주말 오후 대공원에 갈 때가 참 행복했습니다.
장수천의 물가를 따라 사시사철 곱게 피어나는 풀꽃들.
비가 오나 눈이 오나 산책로에서 마주치는 이웃들.
어느새 우리 가족의 취미가 돼 버린 주말 산책.
나는 이즈음부터 산책을
'5분이면 만날 수 있는 행복'이라고 지칭합니다.

함께 걸으면 마음이 통하는 대화를 나눌 수 있습니다.
그냥 의례적으로 건네는, 귀담아듣지 않아도 되는

껍데기 말들이 아니라
진심에서 우러나는 말들이 오가게 마련입니다.
어디론가 특별한 목적을 갖고 급히 가는 게 아니라
마음 편하게, 느긋하게 걷는 것이기 때문에
부담 없는 가벼운 말들이 우선 오갑니다.
하지만 꽤 멀리 함께 걷다 보면 아주 속 깊은 얘기,
한동안 억눌러 왔던 진심을 털어놓을 수 있게 됩니다.

손을 맞잡고 걸으면 마음이 따듯해집니다.
따듯한 체온과 함께 마음도 전달되는 까닭이겠지요.
그래서 연인들은 손잡고 나란히 걸을 수 있는
한적한 공원을 최적의 데이트 장소로 꼽는 것 아닐까요?
이야기가 조근조근 이어지고
길도 구부정하게 이어지고
발걸음까지 새소리 물소리에 맞춰지면
마음과 마음이 자연스레 통하지 않을까요?

혼자 걷는 것 또한 행복합니다.
마음을 다독이고 시름을 떨쳐낼 수 있지요.
걷는 중에 반짝 아이디어가 떠올라
한동안 고민했던 문제가 풀릴 수도 있고요.
깊이 사색하면서 마음을 채울 수도 있답니다.
그냥 멍하니 아무 생각 없이 걷는 것도 나쁘진 않아요.
방끗 웃는 풀꽃들과 눈인사를 나누고
되지빠귀 뻐꾸기 참매미 소리에 발맞추고
산책은 그 자체가 행복입니다.

산책로에서는 오감이 활짝 열린다는 이점도 있습니다.
단지 눈으로 보고 귀로 듣는 것뿐만 아니라
풀꽃 냄새도 맡을 수 있고
시원한 산바람에 땀을 식힐 수도 있습니다.
운이 좋은 날엔 길가 풀숲에서
산딸기나 보리수 열매를 따 먹을 수도 있고요.

무엇보다도 산책로에선 행복한 얼굴,
다소곳한 모습들과 자주 마주치게 되지요.
예컨대 유모차를 밀며 나란히 걷는 젊은 부부나
손주 재롱에 깔깔거리며 씽씽이를 뒤따르는 노부부.
그리고 우산을 쓴 채 빗속을 걷는 연인들처럼.

우리 소래포구 마을에는
자랑할만한 산책로가 4곳이나 있답니다.
해오름광장에서 해넘이다리로 이어지는 해변 산책로.
작은 양떼목장과 아담한 호수를 끼고 있는 늘솔길.
소래포구 어시장과 소래습지생태공원이 연결된 길.
논현근린공원과 오봉산 듬배산으로 이어진 산길.
우리 동네 소래포구 마을에 사는 기쁨이랍니다.

틈과 짬, 그리고 여백

2014 06 19

틈은 생명이 솟아나는 공간.
짬은 마음이 촉촉하게 젖는 시간.
틈과 짬이 어우러져 비어있는 시공간, 여백.

틈을 비집고 나온 작은 생명이
언젠가는 거목으로 자라고
돌 틈새로 솟구친 샘물이
큰 강물의 원천이 되듯
틈은 생명의 기반이다.

짬은 마음의 틈과 같은 것.
짬을 통해 마음의 샘이 솟구치고
촉촉한 그 마음이 전염돼
우선 가족이 웃고 이웃이 행복해지고.

틈이 있어야 그 안팎으로
무엇이든 드나들 수 있는 것.
내 마음속에도 빈틈이 있어야
누구든 내 마음속으로 들어올 수 있다.

짬이 나야 주변을 돌볼 여유가 생기는 것.

자신을 보살피든 가족 친지들을 생각하든
짬이란 참으로 소중한 시간이다.

삶이 윤택해지려면
틈과 짬이 공존하는 여백을 많이 만들고
그 여백을 촉촉하고 다채롭게
채워가면 되지 않을까.

장수천 초여름 물가를 걷다

2020 05 26

봄 빛깔이 고운 요즘
장수천 물가를 걷는 아침이 좋다.
어제 내린 빗방울이 하루 종일 나뭇잎에 머무르다
오늘은 초록빛 개울물로 장수천에 흐른다.
관모산은 안개 자욱한 허리춤에다
버즘나무 자작나무 졸참나무로 연초록 허리띠를 둘렀다.
송사리 헤엄치는 도랑물에 무지개가 뜰 것 같은 5월에 아침.
카메라를 메고 내 마음을 따라 장수천 물가를 걷는다.

우리 가족에게 장수천은 행복의 원천이다.
10여 년 전 장수동에 집을 마련한 뒤 주말마다 가족 산책을 즐겼다.
집을 나선 지 5분이면 장수천에 다다르고 그 물가를 재잘대며 걸었다.
장수천은 특히 오뉴월 초여름 날 아침에 걷는 것이 좋다.
보름가량 날씨가 꾸물거리다 마침내 맑은 아침이 열리던 날.
카메라를 메고 서둘러 장자골로 나섰다.
햇살이 퍼지기 전, 이슬이 마르기 전에 장자골 습지에 도착해야 한다.

관모산과 상아산을 등지고 장수천을 앞세운 장자골에는
산밭과 무논들이 즐비했다 한다.
하지만 이곳에 인천대공원이 조성되고
서해안고속도로와 외곽순환도로가 나면서

농토는 조각나고 농부들은 흩어졌다.

장자골에 습지가 조성된 것은
우리 가족이 장수동으로 이사한 이듬해 2011년 10월이다.
인천 청소년수련관을 비껴 흐르는 장수천 물가엔 초여름 향기,
아까시나무와 이팝나무 꽃향기가 가득했다.
부쩍 자란 왕벚나무와 메타세쿼이아가 그 나뭇잎을 살랑살랑 흔들며
갈 길 바쁜 내 발걸음을 부여잡는다.

아침 6시 반.
장자골 습지에는 찬란한 초여름날이 밝았다.
못 가에 창포 꽃에도, 물가에 갈대 잎새에도
아침 이슬이 주렁주렁 매달렸다.
두메산골에서 나고 자란 나는
맑고 싱싱한 대자연을 마주하면 눈물이 난다.
시원한 아침 공기, 향긋한 꽃 냄새, 살랑거리는 남서풍,
아련한 뻐꾸기 꾀꼬리 소리.
기쁘고 행복하고 감사하다.

장수천을 따라 상류 쪽으로
좀 더 거슬러 올라가면 인천대공원이다.
호수를 지나 관모산 아래로 물길이 이어지는데
거기 어울정원이 있다.
원두막과 널찍한 꽃밭.
가족이나 친지들과 잠깐 쉬어 가기 좋은 곳이다.

장수천의 상류는 만의골.
'느직한 골짜기'에서 느직할 만(晩)자를 따서 만의골이 됐다는데
마을에는 800살 먹은 터줏대감이 있다.
장수동 은행나무.
밑동 둘레 8.6m, 키 30m
800년 세월이 무색하게 은행나무는
올여름에도 짙푸른 잎을 가지마다 주렁주렁 매달았다.

외곽순환 고가도로 아래에서 30년째 엿을 팔고 있는 엿장수는
코로나 사태로 관객이 줄어 신명이 덜하지만
오늘도 어김없이 제시간에 공연장으로 출근해
엿가락 장단으로 길손들의 눈길을 사로잡는다.
엿장수 가위소리 요란한 은행나무 벤치에
길고양이 한 마리 느긋하게 낮잠을 자는데
사람들이 만지거나 쓰다듬어도 아랑곳하지 않는다.

장수천 초여름 물가를 찬찬히 걷는 아침.
맑은 햇살과 살가운 물소리.
뭇 새들과 참꽃들이 산책길에 동반한 날.
장수천 물가에서 작은 행복들을 한가득 주워 담아 왔습니다.

비 오는 날의 오만가지 잡생각
2012 04 21

나들이를 계획했던 수많은 사람의 아쉬움이 빗발치는 대공원 길.
한적해서 오히려 난 좋다.
우산을 받쳐 들고
빗물 흥건한 황톳길을 골라 밟으며 천천히 걷는 즐거움.
비둘기는 벚나무 가지에 앉아 그윽하게 울고
흐드러진 벚꽃은 봄비를 머금고 배시시 웃는다.
시쳇말로 분위기 죽인다.
무릇 시인이라면 흥에 겨워 시 한 수 읊조릴만하다.
그만한 실력이 없는 나로서는 그냥 중얼대는 수밖에 없다.
좋아하는 누군가를 향해 나긋나긋 고백하기도 하고
잘 들어줄 것 같은 누군가를 생각하며
조근조근 내 사정을 털어놓기도 한다.

야외음악당과 잔디마당에서
중고등부 과학문화축전이 열리는 모양이다.
한 무리의 아이들이 재잘대며 잔디마당 천막촌으로 들어간다.
순간 비바람이 몰아쳐 천막이 심하게 우쭐거리더니
그 지붕에 고였던 물이 와락 아이들에게 쏟아졌다.
얇은 봄 치마를 입은 여선생은 황급히 치맛단을 내린다.

관모산 계곡의 도랑이 제법 물을 불렸다.

거기 오리 한 쌍이 내 눈치를 살피며 슬그머니
상류 쪽으로 헤엄을 친다.
"녀석은 요즘 하루에 몇 번쯤 암컷의 등위에 올라탈까?"
한창 짝짓기할 때가 아닌가.
"동물 중에서 가장 바람을 많이 피우는 동물이 새들이라던데
녀석도 다른 암컷을 탐하고 있을까?"

이것저것 보는 대로 듣는 대로 생각이 바뀐다.
사람은 하루에 오만가지 생각을 할 수 있다고 한다.
오만가지 잡생각.
그 잡생각의 대부분이 걱정이나 근심이 아닌 게 정말 다행이다.
머리를 지배하는 것은 걱정, 마음을 지배하는 것은 근심일 듯하지만
아직 머리는 많이 녹슬지 않았고
마음은 그 절반 이상이 여전히 파릇파릇하다.

이미 지나간 잡생각은 어쩔 수 없다 치고
글로 쓸 수 있는 잡생각은 어떤 게 있을까?
글로 옮겨 적는 생각이 과연 잡생각일 수 있을까?
뭐 그냥 술렁술렁 거리낌 없이 써 내려간다면
잡생각을 글로 표현할 수도 있겠지.

우선 고향 집이 생각난다.
고향 생각이라면 어린 시절 얘기다.
비가 와도 우린 뛰어놀아야 했다.
안방 건넌방 장롱 다락방 가리지 않고 숨어야 했고

툇마루 봉당 부엌 외양간 비를 피해 우당탕 퉁탕 달려야 했다.
아부지가 계실 땐 엄두도 못 냈지만
엄마만 있을 땐 야단맞을 각오를 하고 뛰었다.
"녀석들아, 작작 좀 뛰어라. 구들장 빠진다."
그해 겨울, 아부진 구들장이 내려앉아
시커멓게 그을린 장판을 가리키며 형과 나를 벌 세웠다.

비 오는 날이면 처마 끝에서 방울방울 떨어지는 빗물을
손바닥에 가득 채워 담기도 했다.
노래를 흥얼대거나 하염없이 잡생각을 하면서 말이다.
"너 이 녀석, 낙숫물에 손 맞으면 사마귀 생긴다고 했어 안 했어!"
엄마가 부엌에서 부지깽이를 들고나오면서 소리를 냅다 지른다.
넙데데하고 길쭉한 돌들이 처마 아래 가지런히 놓여 있다.
돌들 안쪽으로는 툇마루를 따라 좁다랗게 봉당이 이어지고
디딤돌 아래로 한 발짝 내려서면 저만치 울타리까지
안마당이 펼쳐진다.
봄비가 서너 차례 내리더니 디딤돌들 바깥쪽으로
가느다란 점선이 생겼다.
나는 그 점선을 한동안 참 무던히도 좋아했다.
낙숫물에 이마를 씻고 마치 반상회라도 하는 듯
작은 돌들이 쪼르라니 놓여 있던 줄.
낙숫물이 방울방울 떨어질 때마다
물 동그라미를 하나둘 가뒀던 작은 물동이가 나는 참으로 신기했다.
비가 오면 그 줄을 따라 빗물이 물줄기를 이루고
그 물줄기가 뒤꼍을 돌아 도랑으로 흘렀다.

개울에 나갈 때마다 작고 이쁜 차돌이나 곱돌을 주웠다.
하루 이틀 그 점선이 뚜렷해지는 것을 보면서 배시시 웃었던 적이 있다.
아무래도 비 오는 날엔 배시시 웃는 게 어울릴 것 같다.

비가 내릴 때 나는 소리와 냄새.
고향집 마루에서 낮잠에 빠져들 즈음 들었던 낙숫물 소리와
텃밭에서 봄바람에 실려 온 두엄 냄새가
내 머리와 마음속에 각인돼있는 빗소리와 냄새다.
때로는 강아지가 빈 양철 그릇 핥는 소리 같기도 하고
또 때로는 종소리처럼 들리기도 하는 낙숫물 소리.
오늘은 그 소리가 그립다.
쇠똥 냄새, 풀 썩는 냄새, 거기에다 흙냄새와 비 냄새까지.
툇마루에 앉아 돌담을 넘어 봄비 내리는 밤나무 벌판을 내다보면
그 오묘한 냄새가 코끝을 맴돌았다.
고향 떠나 도회지 생활에 젖고 나서부터는
머리나 마음에 각인 될 만큼 좋은 소리를 들었거나
저릿한 냄새를 맡아본 적이 없다고나 할까?
그만큼 감수성과 심미안이 무뎌진 탓도 있을 터이다.

본 것보다는 들은 것이, 들은 것보다는 냄새 맡은 것이
더 오래 기억된다는 연구 보고서를 읽은 적이 있다.
올해 초, 설을 맞아 청평의 큰형 집에서 하룻밤 묵을 때였다.
만둣국을 먹고 가족들과 얘기 나누다 막 잠자리에 누웠는데
"바스락 바스락…우당탕 퉁탕."
이게 웬 소리인가?

실로 오랜만에 들어 보는 정말 반가운 소리였다.
"바드득 바드득."
집쥐가 천장 위를 뛰어다니며 서까래를 갉아대는 소리다.
벌떡 일어나 앉았다. 가슴이 쿵쾅거리기 시작했다.
어릴 적엔 하루도 빠짐없이 늘 듣던 소리였다.
큰형이 빗자루로 천장을 냅다 후려친다.
"이놈의 쥐새끼, 저리 가지 못해! 시끄러워 잠을 못 자겠네!"
소리가 뚝 끊겼다.
사방이 쥐죽은 듯 다시 고요해졌지만
그 반가운 소리를 한 번 더 듣고 싶다는 열망 때문에
한동안 잠을 이루지 못했다.

난 요즘 소리나 냄새에 대한 생각을 자주 한다.
소리나 냄새를 보여 줄 수는 없을까?
자연의 소리나 냄새를 악보나 기호로 표시할 방법은 없나?
풀벌레 소리나 새 소리를 엮어서 교향곡을 만들고 싶고
냄새를 풍겨서 마음을 치유하는 명상 센터를 만들고 싶다.
소리 백과사전, 냄새 백과사전, 영상 소리 도감.
뭐, 그런 것들을 만들고 싶다.

"언능 오셔!"
이심전심, 맘씨 고운 아내가 김치전을 부쳐 놓고
식탁으로 빨리 안 온다고 성화다.
"막걸리는 없나?"

산책의 즐거움_일거삼득

2021 07 10

함께 걸으면
마음으로 대화를 나눌 수 있습니다.
가볍고 따듯한 얘기들이 오갑니다.
혹 다툼이 있었더라도 함께 걷는 동안
사르르 녹아내립니다.

혼자 걸으면
마음을 정리하고 깊이 사색할 수 있지요.
그저 멍하니 아무 생각 없이 걷는 것도 나쁘진 않지요.
걷기만 해도 건강해진다니 일거삼득인 셈입니다.

산책로에서는 오감이 열려
풍부한 감동을 얻을 수 있습니다.
꼬맹이를 앞세운 이웃들과 인사를 하고,
풀꽃 향기를 맡으며 새 소리에 발맞추고,
시원한 바닷바람에 이마를 씻고,
운 좋은 날엔 산딸기나 앵두를 따 먹고.
무엇보다도 산책길에선
행복한 얼굴, 다소곳한 모습들과
자주 마주치게 되지요.

남은 세월은 무엇과 바꿔야 하나

2018 05 21

일요일 저녁 7시 4분.
살랑살랑 봄바람이 부는 5월의 저녁.
산책하기에 이보다 더 좋은 날이 있을까?
저녁 햇살을 온몸으로 즐기는
키 작은 마을 풀꽃들과 눈인사를 나누며
소래포구 해변으로.

삶이란 시간을 무엇과 바꾸는 과정이나 다름없다.
어릴 적엔 열심히 공부해서 성적과 바꿨고
청년 시절엔 직업 구하는 것에 시간을 모두 썼다.
가족 건사하느라 장년 시절 보내고
돈 명예 그런 것을 얻으려
중년을 다 보냈으니
이제 60대 황금 노년기엔
무엇과 세월을 바꾸어야 하나?

즉흥적인 마을 산책

2020 11 22

"산책갈까?"
내가 아내에게 느닷없이 제안하기도 하지만
아내도 가끔은 나와 딸에게 툭 던집니다.

"그래. 오늘은 오봉산으로 막바지 단풍 보러 가자!"

"아니, 난 갈대들이 사각거리는 소래습지공원에 가고 싶은데."
대개는 맞장구치는 사람의 의견이 채택됩니다.

마을에 공원이 있고 어시장이 있고
야트막한 산까지 있으니 얼마나 다행인가?
산책길에 딸들까지 따라나서면
그야말로 행복한 시간이 스르륵 문을 엽니다.

자동차 소음이 거의 들리지 않는 산길.
인적이 드문 갈대밭 길을 찬찬히 걷는 기쁨.
새우잡이 배들이 쪼르라니 소래포구에 들어오고
갈대들이 사각거리며 귀를 간질이면
머릿속 해마는 춤을 추고 마음속 에고는 키득거립니다.

산책은 하루를 멋지게 마무리하고
새로운 한 주를 활기차게 출발시키는
원동력입니다.

구구한 내 방식

2023 10 30

구분하고 차별하지 않으려 노력합니다.
나이 성별 학력 직분 그런 거에 연연하지 않습니다.
사사로이 이용하려 하지도 않거니와
그런 잣대로 지위고하를 나누고 차별하지 않습니다.

구속하거나 구애받지 않으려 애를 씁니다.
언제든 어디든 갈 수 있도록
몸과 마음을 건강하게 평온하게 유지하려 노력합니다.
인정과 관계를 정리하고 형편과 사정을 단순화하며
돈 체면 형식 과거사 등에 대한 집착에서
벗어나려 애를 씁니다.

굳이 따지고 가리려 하지 않습니다.
이러쿵저러쿵 따져서 주변에 불편과 갈등을 조장하지 않으며
세세한 조건을 내세워
큰일에 앞서 초를 치지 않습니다.

돌아 흐르고 넘쳐 흐르듯
되도록이면 순리대로 어울렁더울렁
살려고 노력합니다.

소래포구 어시장의 봄

2022 03 22

봄이 시장에 먼저 와 있고
그 봄의 활발한 기운을 사러
사람들이 시장에 온다.

멍게 주꾸미 꽃게 망둑어.
놈들이 죄도 없이 잡혀 와
시장 좌판에 널렸고
상인들은 서울 손님 눈길을 잡으려고
연신 인천 짠물을 끼얹는다.

왁자지껄 시끌벅적 소래포구 어시장.
주말 산책코스로
이만한 곳이 또 있을까?

시간을 쪼개어 쓰는 묘미.
2024 08 23

나는 시간을 사각형의 긴 터널이라 생각한다.
30여 년 영상을 촬영하고 편집해 온 이력 때문이리라.
짤막하게 10초, 20초 잘라서 촬영한 영상을
편집 기재의 타임라인에 올리면 기다란 시간 띠가 생기고
그 위에 사각형 모니터 상자가 열린다.
시간 가늠자가 오른쪽으로 움직이면
모니터에는 찍힌 영상들이 시간 순으로 주르륵 흐른다.
시간을 박제시키는 것이라고나 할까.
때로는 집이나 일터에서, 또 어떤 때는 비행기 속에서
기다란 시간의 터널이 생성되는 것.
전철을 타고 30분 이동했으면 반 시간 길이의 터널,
사무실에서 3시간 일했으면 3시간 길이의 터널,
그러다 한 5분 커피타임을 가졌다면
5분짜리 짤막한 시간 터널이 생기는 셈이다.
실제로 그 터널은 내 오감이 작동하는 대로
넓어졌다 좁아지기를 반복하지만
그것을 정제시키면 내가 머무르는 공간,
즉, 벤치가 있는 공원 마당, 책상이 있는 두 평 남짓한 내 사무실,
뭐 이런 식이다.

나는 이 시간 터널 중에서도 짤막하게 토막 난 시간을 좋아한다.

이를테면 일에 전념하다 잠깐 딴 생각을 한다든지,
오래 몰두했던 일에서 벗어나
가족과 함께 다녀오는 주말여행 같은 시간.
서너 달 이상 걸리는 일들은 대부분 힘겹고 머리를 잔뜩 써야 한다.
하지만 토막 난 시간은 대개
내가 하고 싶은 일에 쓸 수 있는 요긴한 시간이다.
사실 나는 50대 초반부터 이 토막 난 틈새 시간을 잘 활용하려 애썼다.
여행하고 촬영하고 글 쓰고 노래하고 술 마시고.
한발 더 나아가 긴 시간을 일부러 쪼개어
토막 시간을 끼워 넣기도 했다.
1분 통화, 10분 사색, 30분 독서, 1시간 산책, 1박 주말여행 등등.
일상의 스트레스를 줄이고 행복지수를 높이는
아주 요긴한 토막 시간임에 틀림없다.

아무리 절박한 일이라도 서너 시간,
아니 한두 달 꼬박 일만 해서는 안 된다.
심신이 병들거나 가정에 문제가 생길 위험이 커지기 때문이다.
앞으로도 난 토막 난 자투리 시간을 자주 만들고
그 길이도 한 뼘 두 뼘 늘려갈 참이다.

가을 아침 늘솔길 산책

2023 10 04

가을은 참 예쁘다.
단풍잎 사이로 햇살이 반짝이고
물억새 하늘거리는 아침.

연못에 외줄기 솔바람이 불어
연잎을 와르르 흔들더니
깜빡이 켠 차들이 좌회전 모퉁이로 사라지듯
맑은 이슬들 쪼르르 못물에 뛰어들며
풍풍풍 소리를 지른다.

산책은 참 즐겁다.
삯바느질하던 어머니가 잠시 일손을 놓은 듯
버드나무 아래로 기다랗게 이어진 늘솔길.

양떼들이 목장 울타리에 기대어
들국화 꺾어든 꼬마 손님을 반긴다.
양들은 메메 울고 아이들은 까르르 웃고.

해맑은 가을 아침
우리 동네 늘솔길이 참 곱다.

머릿속에 채운 것과 마음속에 들인 것

2025 04 21

머리로는 기억하거나 헤아리거나 상상한다.
마음으로는 느끼거나 공감하거나 깨닫는다.
머리로는 이해하고 계산하고 추정하고 판단한다.
마음으로는 걱정하고 열망하고 슬퍼하고 사랑한다.
그래서 머리는 차가워야 하고 마음은 따듯해야 한다.

세월이 흘러 이것저것 경험을 하게 되면
머릿속에도 마음속에도 무엇이든 쌓이게 되는데
머릿속에 쌓이는 것은 나뭇잎 같은 것들이고
마음속에 쌓이는 것은 샘물 같은 것들이다.
잘 관리하고 돌봐야만 오래도록 썩지 않고 싱싱하게 맑게 가꿀 수 있다.
무덤덤하게 마냥 내버려두면
머리도 마음도 악취를 풍기며 썩게 마련이다.
그러나 정성껏 가꾸고 다독이면 향긋하게 농익는다.
머릿속에 쌓인 것이 농익으면
똑똑한 사람, 합리적인 사람, 유능한 사람이 되지만
그것이 썩으면 사기꾼, 몽상가, 무능력한 낙오자가 되기 십상이다.
마음속에 쌓인 것이 농익으면 더 넓고 깊은 물을 끌어들이게 되지만
그것이 썩으면 앙금이 생기고 걱정근심 욕망이 찌들어
마침내 병석에 눕게 된다.
그래서 머릿속이 비었거나 썩은 것보다

마음속이 텅 비거나 썩는 것이 더 치명적이다.

그렇다면 머리도 마음도 맑고 싱싱하게 유지하려면 어떻게 해야 할까?
몸과 마음을 튼실하게 강건하게 유지해야 한다.
최적의 상태를 늘 유지하면 좋겠지만
그러지 못하다면 주기적으로 건강을 돌봐야 한다.
운동하는 습관을 들이고 주치의를 만나
수시로 검진을 받는 것이 좋다.
머리를 싱싱하게 유지하려면 머릿속 나뭇가지에
매일매일 새잎이 돋아나게 해야 한다.
즉, 새롭고 자극적인 지식을 불러들여야 한다.
읽고 쓰고 보고 듣고 토론해야 좋다.
마치 동산 숲에 부는 바람처럼 머릿속 나뭇잎을 마구 흔들어야 한다.
오랫동안 아무런 자극 없이 그냥 놔두면 안 된다는 얘기다.

흐려지지 않게 마음을 샘물처럼 맑히려면 어떻게 해야 할까?
마찬가지로 무덤덤하게 방치하면 안 된다.
걱정 근심이나 원망 탐욕이 슬러지처럼 가라앉기 전에
마음속을 휘저어 놓아야 한다.
아침에 일어날 때마다 마음도 살짝 흔들어 깨우는 것이 좋다.
"아, 오늘은 걱정했던 일이 잘 풀릴 거야.
누군가 반가운 소식을 전해 오지 않을까."
이렇듯 약간의 설렘을 마음속으로 불러들이면 된다.
아니면 일부러라도 그런 일을 만들면 그만이다.
책장을 정리하거나 화장실을 말끔히 청소하고

한동안 못 본 친구에게 안부 전화를 거는 것만으로도 충분하다.
마음속에 쌓였던 찌꺼기들을 말끔히 해소하는 일이면 더더욱 좋다.
사소한 일이라며 미뤄 뒀던 허드렛일을 해치우거나
해묵은 약속을 실행하는 것이다.
마음이 크게 요동칠 정도의 사단을 만드는 것도 가끔 필요하다.
심장이 쿵쾅거릴 정도의 새로운 일을 도모하거나
획기적이고 파격적인 행사에 동참해 보시라 강권하고 싶다.
예컨대 어린 시절에 가졌던 꿈에 다시 도전해 본다든지
나만의 작품전이나 공연을 기획하는 것 등이다.

사실 마음도 몸처럼 늦은 오후나 밤이 되면
지치고 무뎌지게 마련이다.
잔잔하고 고요해져서 아주 노곤하게 잠들기도 한다.
다음 날 헐레벌떡 일어나 출근하고 일하고 술 마시고
녹초가 되어 돌아와 잠들고.
그렇게 똑같은 일상을 반복하다 보면
마음은 잠든 채 보름이고 한 달이고 지나게 된다.
그러다 계절이 바뀌어 폭풍 장마가 몰아치거나
낙엽이 지고 눈발이 휘날려야 겨우 긴 잠에서 깨어나는 게 마음이다.
살짝 마음을 흔들어 놓는 것이
마음속 호수에 샘물을 끌어들이는 일이라면
쿵쾅거릴 정도로 요동치게 하는 것은
물줄기가 굵은 개울 물을 들이는 것이나 마찬가지다.
샘물이건 개울물이건 채울수록 내 마음은 넓고 깊어지리라.
마음이 넓고 깊어야 세상 풍파를 잘 견뎌내면서

흙탕물이 좀 섞여도 능히 맑음을 되찾을 수 있다.
세숫물에 흙탕물이 조금 섞이는 것과 호수에 흙탕물이 섞이는 것과는 확연히 다르지 않은가?

머리로 헤아리고 판단하는 것을 이성이라 한다면
마음으로 느끼고 깨닫는 것은 감성이라 할 수 있으리라.
나는 이성에 치우치지도, 너무 감성적이지도 않은 사람이길 소망한다.
이성과 감성이 4:6으로 잘 조절 배합되는 것이 바람직하다고 생각한다.

대체 무얼 내려놓으라는 것인가?
2024 06 05

방하착(放下着)
불교의 선가에서 자주 쓰이는 말입니다.
집착이나 미련을 내려놓으라.
욕심을 줄이면 마음이 편안해진다는 뜻으로 얼핏 이해는 하겠는데
대체 무엇을 어떻게 내려놓으라는 것인가?

아마도 마음의 짐을 우선 내려놓으라는 뜻이 아닐까?
온갖 잡다한 욕망과 강박에 휩싸여
걱정근심 속에 하루를 사는 사람이 적지 않거든요.
가만 생각해 보면 마음속에 가득한 욕망의 절반 이상은
비현실적이거나 과욕에 불과합니다.
이를테면 로망이라는 것들도 실현 가능한 꿈이라기보다
맘속에 갇혀있는 종이호랑이 같은 것들이 대부분이지요.
꿈을 접으라는 말이 아니라
허망한 것에 맘을 뺏기지 말라는 얘깁니다.

걱정 근심 역시 대개는 안 해도 되는 것들입니다.
훗날에 대비해야 한다며 스스로 만든 걱정,
당장엔 해결할 수 없거나 일어나지도 않은 일에 대한 걱정,
어쩔 수 없는 마음뿐인 걱정,
심지어 나와는 전혀 상관없는 일에 대한 걱정까지.

걱정 습관에서 헤어나야 합니다.

마음을 얽어매는 수많은 강박도 얼른 풀어헤쳐야 합니다.
60여 년 살면서 몸에 버릇이나 습관이 생겼듯
마음이나 생각에도 세월의 더께(찌든 때) 같은 것들이 쌓입니다.
그것들을 녹여 없애야만 마음이 가뿐해지는 것이지요.
예컨대 허례허식이나 지나친 강박, 고정관념 같은 것.
체면 위신 관례 입장 남의 눈치 미신 속담.
대체 왜 그래야 하는지도 모른 채 지키려 애쓰는 것들.
이런 것들로부터 마음을 해방해야 합니다.

"말이 쉽지 그게 그렇게 간단할까?"
안 된다고 지레 포기할 것이 아니라
하나 둘 실행에 옮기고 자꾸 마음을 고쳐먹다 보면
머지않아 가뿐해질 날이 올 겁니다.

머리를 정리하고 마음을 닦는 시간
2023 11 23

고조선 다큐멘터리 편집에 몰두하고 있다.
졸리면 언제든 자고
눈 뜨면 바로 맥북에 매달리길 얼추 한 달.

머릿속이 벌겋게 달아오르고
마음이 바싹 메말랐다.
잠시 편집 일을 접고 습지 공원으로 달린다.

널찍한 갈대숲에 서늘한 바람이 불고
구름 낀 먼 하늘에 기러기 나는 소래습지.
사각거리는 마른 잎에
반짝이는 이슬이 매달리니
귀는 간지럽고 눈은 말끔하다.

물 끼얹어 세수하고 비누칠해 얼굴 씻듯
달아올랐던 머리는 찬바람에 식히고
어지러웠던 마음은 오솔길 거닐며 가라앉힌다.

오늘 나는
머리를 비우는 방법과
마음을 씻는 요령을 새삼 터득했다.

소래습지공원의 달밤을 독차지하다
2024 10 18

어스름에 소래습지로 향한 발걸음.
막걸리 한 병 새우깡 한 봉지.
풍차 삼형제 곁을 지나 공원 한복판에 가면
키 높은 전망대가 날 기다린다.
꽤 자주 요맘때 내 방문을 받았던 터
오늘 전망대는 내게
보름달 휘황한 가을밤을 선물했다.

소래습지생태공원에 뜬 슈퍼 문.
풀벌레 소리가 차 소리에 묻혀 작게 들릴 뿐
부러울 게 없는 평온한 전망대.
동편 풍광을 마주 보며 막걸리 한잔.
서편 물빛을 내려다보며 또 한잔.
어둠이 짙게 깔리면
이 공원엔 아무도 안 온다.
벌써 여러 차례 이맘때쯤 전망을 즐겼지만
돌아가는 공원 안길에서
그 누구와도 마주친 적이 없다.

고래고래 소리를 지르며
노래를 부르기도 하고

달빛 고요한 가을밤에 기대어
깊은 생각에 잠기기도 한다.

느릿하게 보내는 이 가을밤이,
마을 외곽에 독차지할 수 있는
이 넓은 공원이 있어,
난 정말 행복하다.

매듭을 잘 지어야 하는 까닭은?

2021 12 27

매듭공예를 아시나요?
작은 매듭을 모아 큰 매듭을 만들고
큰 매듭 수천수만 개를 모아
거대한 양탄자를 만들기도 합니다.

한 올 한 올 바짝 당겨서
튼실한 작은 매듭을 이어나가면서
꾸준히 매듭짓기를 거듭해야
양탄자처럼 멋진 작품을
완성하게 되는 것이지요.

마치 작은 매듭 하나를 만드는 것처럼
하루, 한 달, 한 해를 정성껏 마무리해야 합니다.
그렇게 십수 년 튼실한 매듭을 지어나가면
세월은 결국 양탄자처럼 빛나는 결과를
우리 앞에 펼치게 되는 것이지요.

잘 마무리하시기 바랍니다.
미적지근하게 넘기지 마시고.

중년 노인이 부러워하는 것
2024 10 05

아주 어렸을 땐 굶지 않고
배불리 쌀밥을 먹는 부잣집 아이가
몹시 부러웠습니다.

학창시절엔 아침 조회시간에
교단에 올라 우등상 받는,
공부 잘하는 친구가 부러웠습니다.

청년이 되어서는
건장한 몸매에 얼굴색이 환하여
만날 때마다 애인이 바뀌는
그런 친구가 꽤 부러웠습니다.

청장년 시절엔 좋은 대학을 나와
서울 중심가에 높은 빌딩으로 출근하는
화이트칼라 샐러리맨이 부러웠습니다.

중장년이 되어서는
지위가 높거나 돈을 많이 벌어서
주변 사람들에게 아첨을 받는,
소위 출세한 사람들이 부러웠습니다.

중노년이 되어서는
명퇴 없는 직장에서 룰루랄라 일하거나
연금 타서 놀러 다니는
이른바 연금 귀족들이 부러웠습니다.

이제 칠순 고개에 올라서는 지금.
여전히 두 발로 높은 산에 오르고
어디든 자유롭게 쏘다니며
저 좋아하는 일에 몰두하는,
행복하고 건강하게 사는 친구가
정말 부럽습니다.

죽을 때가 가까워질수록
돈 학력 인기 명성 권세, 그런 것보다는
시간 건강 행복의 가치가 훨씬 커집니다.

중요한 것은 이들 세 가지 모두
꾸준하게 관리하고 소중하게 가꾸지 않으면
우리 곁에 오래 머무르지 않는다는 사실입니다.

그래서 난
"행복 우선, 건강 최우선"으로
노년의 이정표를 바로 잡았습니다.

건강 챙기는 일을 가장 먼저 하고

나중보다는 지금에 치중하며
모든 선택의 기준을
"어느 것이 더 행복할까?"에 맞추고 삽니다.

제5장

느긋하게 몰입하는 행복
촬영 편집

눈 모자를 쓴 산수유 열매
활력 넘치는 소래포구 어시장
봄볕에 반짝이는 자목련
사리울 뒷동산에 되지빠귀
늘솔길 장미원에 아침이슬
근린공원에서 운동하는 이웃들
맹꽁이 우는 메타세쿼이아 숲
비바람에 떨어진 금빛 살구
장맛비 쏟아지는 늘솔길 연못
해오름호수에서 목욕하는 갈매기
인천대공원에 느티나무 단풍터널
늦가을 소래습지공원에 해돋이

- 카메라에 자주 찍히는 내 절친들 -

그래 됐어!

2021 10 06

밥 세 끼 굶지 않고 먹을 수 있으니
더는 걱정할 필요 없다.
깊이 잠자고 두 발로 어디든 나설 수 있으니
더는 아쉬워할 까닭이 없다.

그래 이 정도면 됐어.
시시때때 날 부르는 친구들이 있고
요 며칠 보고 싶었던 사람을 만나
지금 당장 행복하니
뭘 더 바라겠나?

날 저무는 마을 길로 휘파람 불면서
사랑하는 아내와 딸들이 기다리는
내 집에 돌아갈 수 있으니
뭘 더 어쩌란 말인가?

사진발 잘 받는 꽃나무들

2025 06 03

각종 미인대회에서 사진이 잘 찍히는 사람에게 주는
특별상이 있습니다.
포토제닉상은 이른바 사진발이 잘 받는 사람에게 주는 상으로
사진기자들이 투표로 선정합니다.
실제 눈으로 보는 것보다 사진으로 찍었을 때
더 멋지게 나오는 사람이 있고
실물에 비해 사진이 덜 예쁜 사람도 있습니다.

풀꽃과 나무들, 벌레와 새들 역시 마찬가집니다.
어떤 꽃은 누구나 쉽게 좋은 사진을 찍을 수 있지만
어떤 꽃은 비록 고수라 해도 정갈한 사진을 얻기 어렵습니다.
접시꽃이나 무궁화, 해바라기 등 송이가 큰 꽃들이
비교적 예쁘게 사진 찍히는 꽃들입니다.
한여름엔 연꽃이 단연 포토제닉 감입니다.
비가 오는 날이든 해맑은 날이든
초록색 연잎을 배경으로 듬성듬성 피어있는 연꽃을 찍으면
초보자도 제법 분위기 있는 연못 사진을 찍을 수 있습니다.
하지만 겨울엔 색깔 있는 식물 사진을 얻기 힘듭니다.
소나무와 사철나무 같은 상록수를 제외하면
세상이 온통 누리끼리한 겨울 색이기 때문이지요.
그래서 까치밥으로 남겨둔 감이나 산수유를 만나면

참 반갑게 마련인데요.
특히 간밤에 눈이 내려 온 세상이 하얗다면
눈 모자를 쓴 감이나 산수유 열매를 찍어
작품사진으로 간직할 수도 있습니다.
나뭇잎으로는 계수나무와 목백합, 박태기 은행 감나무가
포토제닉입니다.
잎 모양이 예쁘고 또 그 표면에서 윤이 나기 때문인데요.
볕이 맑은 날 그늘 속에 숨어서 반짝이는 나뭇잎을 향해
촬영 버튼을 누르면 느낌이 좋은 사진이 찍히게 됩니다.

그러나 꽃 중에서도 흰색 계열의 꽃이나
빨강 파랑 노랑의 원색을 띤 꽃들은
사진으로 그 느낌을 살리기 어렵습니다.
눈으로 보는 것보다 사진이 너저분하게 나오는 경우가 많지요.
색 온도라는 것 때문에 적정 노출을 맞추기 어렵기 때문인데요.
무늬가 없는 원색의 꽃일수록 빛과 배경을 잘 고려해서 촬영해야만
때깔이 고운 꽃 사진을 얻을 수 있습니다.
워낙 자연 생태 사진을 좋아하는 데다 오랜 경험이 쌓이다 보니
몇 가지 요령을 터득했는데요.
풀꽃이나 나무를 촬영할 때 어떡하면 좋은 사진을 얻을 수 있는지
제 얘길 잠깐 들어보십시오.
우선은 주제와 배경을 잘 선택해야 합니다.
목련은 한 그루에도 여러 송이 꽃을 피웁니다.
자세히 보면 어느 꽃은 꽃받침이 꺾여 있고
또 다른 어느 송이는 꽃잎 끝이 누렇게 변해 있습니다.

이런 꽃은 목련의 순결한 느낌을 살리는 데 방해가 됩니다.
요리조리 살펴서 싱싱하고 흠결이 없는 꽃을
일단 주제로 선택하시라는 말입니다.
주제를 선정한 다음에는 배경을 어디로 할 것인가를 결정해야 하는데요.
가급적이면 먼 배경, 단순한 배경을 선택하는 것이 좋습니다.
배경이 단순해야 주제가 돋보이게 마련이거든요.
카메라 위치를 좌우로 옮기거나 앵글(화각)을 아래위로 바꾸면
배경도 시시각각 달라집니다.
그러다가 가장 단순한 배경이 걸렸을 때
주제에 초점을 맞추고 찍으면 됩니다.
이때 촬영 배율을 3배, 5배로 당겨서 망원렌즈로 찍으면
배경이 흐릿해져서 더욱 좋습니다.

꽃의 윤곽을 살리려면 순광보다는 역광으로 찍는 게 좋습니다.
특히 백목련은 흐린 날 또는 순광으로 찍으면 밋밋한 사진이 됩니다.
맑은 볕이 쬐는 날 파란 하늘을 배경 삼아 역광이나 측광으로 찍어야
남들에게 자랑할 만한 목련꽃 사진을 얻을 수 있습니다.
핸드폰으로 찍을 때도 마찬가집니다.
3배 5배 10배 망원을 활용해서
역광으로 촬영하는 연습을 자주 하십시오.

장미꽃 역시 향긋하고 예쁘지만 눈으로 보는 것보다
사진이 예쁘지 않습니다.
대충 찍으면 꽃잎이 뭉개지거나 제 빛깔이 아닌 사진을 얻게 되는 거죠.
꽃 빛이 원색, 그러니까 빨강 노랑 파랑 흰색일 때 사진 찍기가 어렵습

니다.
꽃잎의 윤곽은 앞서 말씀드렸던 것처럼
역광 또는 측광으로 찍어야 살릴 수 있고요
꽃 빛을 살리려면 색조(노출)를 조정해야 합니다.
촬영 버튼을 누르기 전에 장미꽃을 터치하면 핸드폰 촬영화면에
작은 자물쇠와 태양(☀)이 생기는데 이것(☀)이 빛 조절 놉입니다.
이 태양(☀)을 좌우로 밀고 당기다 보면
화면이 밝아지거나 어두워지는데 적정한 색조가 되면
조절 놉에서 손을 떼고 촬영 버튼을 누르면 됩니다.

사진 실력을 키우는 가장 확실한 방법은
이것저것 자주 찍어보는 것입니다.
어느 대상을 어떤 날씨에 어떻게 찍어야 하는지
몸소 경험해야 한다는 것이지요.
"되도록이면 주제를 망원으로 당겨서 역광인 상태로
많이 찍어보시라."
이것이 제가 40여 년 사진을 찍으면서 체득한 최상의 비결입니다.

카메라를 메고 나서는 행복

2021 02 26

대학생 시절 동아리에 가입해
흑백 사진부터 배웠다.
암실에 들어가 필름을 현상하고
확대기에 걸어 인화하면서
밤을 새워 전시회 준비할 때가 참 좋았다.

니콘 핫셀블러드 소니 캐논 파나소닉.
카메라는 나의 자부심이자
나를 채근하고 독려하는 수단이었고
가족 친지 친구들의 작은 역사를 기록하는
선물 같은 존재였다.

햇살 맑고 계절 빛이 고운 날
카메라를 메고 어디론가 무턱대고 나서는 나.
행복이 어깨에 매달려
대롱대롱 따라나선다.

햇살이 너무 고와서 눈물 나던 날
2010 10 15

한 보름 무척 바쁘게 지냈다.
사흘 밤새고 지방 출장 다녀오고 다큐 3편 납품하고.
모처럼 얻은 여유.
이 소중한 나의 시간.
10시간 넘게 잤다.
피곤했던 몸, 지쳤던 마음이 상쾌한 아침으로 깨어났다.
인천대공원으로 달렸다.
아침 햇살이 너무 곱다.
장수천 물가에 코스모스들이 하늘거리며 반짝거린다.
언제 이렇게 많이 자랐을까?

오늘은 대공원에서 휠체어 마라톤 대회가 열리는 날.
수석공원에 휠체어들이 속속 도착하고
군악대가 분위기를 띄운다.
날씨만큼이나 표정이 맑은 휠체어 장애인들.
그분들이 365일 오늘처럼 기쁘고 행복하게 살았으면 좋겠다.
촬영 취재를 마치고
만수3지구에 사신다는 비디오 동호인을 만났다.
한국통신에 다니시다 10년 전쯤 퇴임하셨다고.
오늘 대회를 촬영하고 편집해서
남동장애인복지관에 무료로 제공하시는

봉사활동을 하신다고 했다.

구절초 꽃동산에서 아주 우연하게
도마뱀(장지뱀) 한 녀석을 만났다.
내가 무섭지 않았는지 꽤 오랫동안
카메라 앞에서 혀를 낼름대다
가랑잎 속으로 숨었다.

촬영을 마치고 집으로 돌아오는 길.
시원한 바람이 관모산 아래로 몰려가고
드높은 가을 하늘에 오리 떼가 V자를 그리며 날아간다.
녀석들은 어디로 가는 걸까?
장수천의 물도 가을 하늘만큼이나 맑다.
하지만 그 많았던 잉어들은
얼마 전 장마에 다 떠내려갔는지 한 마리도 보이질 않는다.

그냥 카메라나 메고 다니면서
이 맑은 가을날을 찍고 싶다.
그럴까 말까?
지금 바로 선택해야 한다.
하지만 오늘 사무실에 나가
편집하지 않으면 내일 출근해서 일해야 한다.
그러니 내일 하루 쉬려면
지금 홀가분하게 책 한 권 들고
송내역으로 나가는 게 좋겠다.
여의도 사무실에 가서

이미 녹음 믹싱을 마친 기업 다큐,
〈익산 주얼팰리스〉도 카피 해둬야 할 것이고.

쿵쾅거리며 마음이 요동칠 때

2024 09 08

어느 작은 여행 팀에 촬영 꾼으로 동참했습니다.
둘째 날 저녁, '시인과의 만남'이
어느 물가에 한적한 카페에서 진행됐습니다.
관찰자로 참여했던 여정이라 무덤덤했던 마음이
그 시간이 닥치자 나도 모르게 살짝 들뜨더군요.
카페의 한 룸을 통째로 빌려 거기 오붓하게 둘러앉은 뒤
문학에 대해 얘기 나누며 시를 감상하는 시간.

가슴이 쿵쾅대며 마음이 요동치기 시작했습니다.
늙어서는 좀처럼 경험할 수 없는 느낌인 거 아시죠?
저도 가끔 시인 흉내를 내거든요.
모임 인솔자에게 혹시 내 자작 시도 한 편
낭송할 수 있는지 물었습니다.
잠시 머뭇대던 인솔자가
No 사인을 보낼 때까지 10여 초 남짓.
내 심장은 마치 100m를 전력 질주했을 때처럼 쿵쾅댑니다.
그러나 어릴 적에 그랬던 것과는 다르게
두려움보다는 아주 큰 기대감 때문에
가슴이 뛴다는 걸 깨달았습니다.

인솔자가 파격적인 결단을 못 내린 것이 무척 아쉬웠지만

가슴이 뛰는 순간을 잠시나마 즐겼습니다.
또래들에 비하면 나는 이런 경험을 자주 겪는 편입니다.
은퇴 후에 한 국영 방송에 국민 기자로 면접 봤을 때,
논산훈련소에 가서 800여 명의 신병들을 모아놓고
PPT 없이 강의를 시작했을 때,
처음으로 합창단 정기 공연 무대에 섰을 때.

내겐 또 한차례 가슴이 쿵쾅거릴 순간이 다가옵니다.
보름쯤 지나면 모교인 상색초등학교에 가서
50여 년 후배들을 만나야 합니다.
한때 학교 선생을 꿈꿨던 적이 있었지요.
자신이 기다려온, 기대했던 순간이 닥치면
마음이 설레고 가슴이 쿵쾅거리게 마련입니다.
출세해서 남들의 추앙을 받으라고 하지 않을 것입니다.
뜬금없긴 하지만
"가슴이 뛸 만한 일을 어릴 적에 많이 만들어 두라."
라고 말할 것입니다.

강소기업의 나라 독일에 가다

2015 03 24

뮌헨 하노버 쾰른. 독일 북부 도시 중심가에서
마주친 사람들은 참 다양하다.
게르만족들은 약간 거들먹대며 걷고
중남미계 사람들은 다소 시끄럽고
아시아계 행인들은 발걸음이 바쁘다.
그 많은 사람들에게 자신을 어필하려면
아주 독특한 외모가 필요할 것 같았다.

하노버시 외곽의 라우페아트 쉬튀르.
2-3층짜리 단독주택들이 야트막한 담장 안에
아담한 정원을 보듬고 나란히 서 있다.
늘 새소리가 들리는 정갈하고 조용한 마을.
독일 풍, 독일 느낌이 찐하다고나 할까?

"천천히 차근차근 오랫동안 성장하는 것이
우리의 기업 철학"이라고 말하는
150년 전통의 독일 강소기업 CEO들.
"일부 대기업들 위주로 빨리빨리!"를 외치다
불과 삼사십 년 만에 불평등하고 불행한 나라로
기울고 있는 분단 조국 한반도.
돌아오는 비행기 안에선 마음이 착잡했다.

컴맹보다 폰맹이 더 심각해요

2018 07 23

평범한 일상의 생산성을 높이자
일상적인 행위를
좀 더 생산적으로 바꿀 수는 없을까?

요즘 제 머릿속을
가득 채우고 있는 화둡니다.

우선 스마트폰으로
그 답을 찾는 중입니다.

이미 수많은 사람들이
저만치 앞서가고 있지만
제가 가진 경쟁력도
만만치 않다고 생각합니다.

사람들은 컴맹은 부끄러워하면서
폰맹은 거론조차 안 합니다.
요즘 컴퓨터보다도 뜨거운 관심을 받는 문명의 기기는
바로 이 스마트폰인데 말이죠.

핸드폰 사진 촬영의 고수가 되려면?

2022 03 14

핸드폰 스마트폰 덕분에 언제 어디서든
누구든 사진을 찍을 수 있는 시대가 됐다.
일상을 기록하고 주변 사람과 소통하며
때로는 강력한 마케팅 수단으로 쓰이는 사진.
어떻게 하면 사진을 잘 찍을 수 있을까?

우선 사진에 대한 인식부터 바꿔야 한다.
초보 사진가들은 흔히
"해를 등지고 주제를 한복판에 놓고
보이는 대로 찍어야 한다."라고 생각한다.
하지만 그렇게 촬영하면 좋은 사진을 얻을 수 없다.
초보자 똥손이라는 소리를 듣지 않으려면
초점과 수평을 잘 맞춰야 한다.
초점이 엉뚱한 피사체에 맞았거나 수평이 기울어진 사진은
남들에게 자랑할 수 없는 실패한 사진이다.
잘 찍은 사진이란 기본적으로
초점과 수평이 정확히 맞은 사진이다.

배경이 단순해야 멋진 사진이 된다.
배경이 복잡하면 사진의 주제가 가진 매력을 살릴 수 없다.
사진의 주제를 돋보이게 하려면 배경을 단순화시켜야 하는데

일단 촬영 위치를 바꿔보시라 권한다.
초보자들은 흔히 한 곳에서만 뻘쭘하게 서서 사진을 찍는다.
촬영 위치를 좌우로 몇 m만 옮겨도
훨씬 좋은 사진을 얻을 수 있는데도 그러지 않는다.
그냥 서서 눈높이 화각으로 찍는 것보다
잔뜩 쪼그리고 앉아서 하늘을 배경으로 찍으면
전혀 다른 느낌의 사진을 얻을 수 있다.

촬영 고수들이 배경을 단순화시키기 위해
자주 사용하는 촬영 기법이 있는데 바로 아웃포커싱 촬영이다.
주제에만 초점이 맞아 있고 배경은 흐릿하여 주제가 돋보이는 사진.
피사계 심도라는 것 때문에 생기는 현상인데
핸드폰 스마트폰으로도 이 아웃포커싱 사진을 찍을 수 있다.

주제에 접근해서 먼 배경을 택해 망원렌즈로 당겨서 촬영하면 된다.
주제와 배경 사이에 거리가 가까우면
아웃포커싱의 효과가 잘 나타나지 않는다.
주제에 접근해서 핸드폰의 액정 화면을 확대하면,
엄지와 검지로 벌리면
망원렌즈 상태가 되어 아웃포커싱이 잘 된다.

고수가 되려면 느낌이 강한 사진을 찍을 수 있어야 한다.
멋지고 예쁜 사진을 찍는 수준에서
한 단계 더 사진 실력을 키우려면
같은 사진을 찍더라도 느낌이 강하게 찍을 수 있어야 한다.

피사체의 특징을 잘 살려서 찍어야 한다.
음식이라면 먹음직스럽게, 반려동물이라면 아주 기욤뽀짝하게,
그리고 비 온 날이라면 감성을 자극하는 사진을 찍어야 한다.

느낌이 강한 사진을 찍으려면 빛을 읽을 줄 알아야 한다.
햇빛은 시간에 따라, 비추는 각에 따라
그 느낌이 매우 다르다.
고수들이란 그 느낌을 잘 살릴 줄 아는 사진작가를 말한다.
대한민국 사진대전에서 대상을 탄 작품들은
대부분 이 빛의 느낌을 잘 살린 것들이다.

초보자들은 보통 순광
즉, 햇빛을 등지고 찍어야만 사진이 잘 나온다고 생각한다.
하지만 촬영 고수들은 순광 사진을 거의 안 찍는다.
왜냐하면 순광으로 사진을 찍으면
주제의 느낌을 살리기 어렵기 때문이다.
측광 또는 역광으로 찍어야 주제의 느낌이 강한 사진을 얻기 쉽다.

느낌이 강한 사진을 찍으려면
사물에 대한 관심과 애정이 필요하다.
관심과 애정이 없으면 절대로 볼 수 없는 것들이 있다.
애정 어린 눈으로 세심하게 살펴야
마음을 사로잡을 대상이 보이는데
그것을 사진으로 잘 포착해야 마침내 작품이 탄생하는 것이다.

1. 초점과 수평을 맞춰라.
2. 배경을 단순화 하라.
3. 느낌이 강한 사진을 찍어라.

이 3가지 지침이 사진 촬영 고수를 만드는 이정표라고 생각한다.

영상작품의 구성요소

2018 06 23

영상작품, 영상콘텐츠는 일반적으로 '시청한다'고 말하며
대중매체를 통해 영상저작물을 접하는 사람을
'시청자'라고 부릅니다.
즉, 영상작품에는
시각적인 요소(눈으로 볼 수 있는 것)와
청각적인 요소(귀로 들을 수 있는 것)가
포함되어 있다는 뜻입니다.

다큐멘터리 같은 영상작품을 조목조목 살펴보면
몇 가지 시각적 요소들을 분리해 낼 수 있는데요.
가장 일반적인 요소는 동영상 클립입니다.
움직이는 활동사진 즉,
화면 안에서 끊임없이 움직이는 동영상입니다.
개중에는 마치 영상저작물의 전부인 양,
이것만 보이는 사람도 있을 테지요.

그러나 동영상 말고 눈으로 볼 수 있는
또 다른 중요한 무엇이 있습니다.
네, 맞습니다. 자막.
두 번째 시각적 요소는 자막입니다.
요즘 방송가에서 쇼양 또는 쇼오락 영상작품

한 편(60분 물 기준)을 제작하려면
무려 300~350개의 자막이 들어갑니다.
방송 영상물에서는 자막의 비중이 갈수록 커지고 있답니다.

영상작품에서 볼 수 있는 시각적 요소들로는
가공된 영상(효과)과 컴퓨터 그래픽(CG)이 있습니다.
'촬영된 영상을 단지 잘라 붙인 것'이 동영상이라면
효과 영상은 '동영상 클립이나 이미지를
보기 좋게 가공한 것'이라고 말할 수 있습니다.
타이틀 즉, 제목이나 부제를 만들 때
특정한 효과를 먹여 가공한 밑그림 영상,
장면을 전환할 때 언뜻 보이는 짤막한 클립들이 대표적입니다.
컴퓨터 그래픽(CG)은 말 그대로
컴퓨터(PC)가 만들어 낸 영상을 말합니다.
수십억 원을 들여 몇 달에 걸쳐 제작되는 CG도 있지만
그래프나 삽화 등을 움직이는 영상으로
간단히 가공한 것들이 대부분입니다.

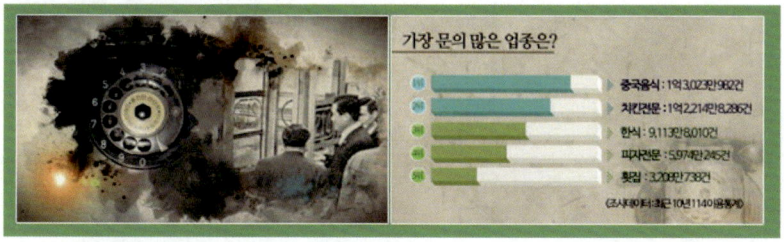

효과가 적용된 영상(왼쪽)과 간단한 컴퓨터그래픽(CG)의 예(오른쪽)

그럼 청각적 요소로는 어떤 것들이 있을까요?
영상작품에서 가장 도드라지는 소리는

성우 목소리 즉, 내레이션(해설)입니다.
해설이 없이 제작되는 토크쇼나 음악 프로그램도 있지만
대개의 영상작품에는 성우 해설이 포함되어 있고
그 목소리의 주인공이 누구이며
어떤 느낌으로 해설 원고를 읽느냐에 따라
시청률이 크게 요동치기도 합니다.
성우는 말 그대로 목소리 배우로서
재능을 한껏 발휘해야 하는 까닭이 여기에 있습니다.

영상작품에서는 아주 중요한 또 하나의 소리가 있는데 뭘까요?
브금? 네, BGM 즉 배경음악입니다.
영상저작물에 내포돼있는 아주 중요한 청각적 요소이지요.
또 하나 제가 강조하고 싶은 소리가 있습니다.
가공되지 않은 소리, 편집과정에서 인위적으로 끼워넣지 않은 소리,
바로 현장음입니다.
촬영 현장에서 자연스럽게 녹음된,
동영상 클립에 붙어 있는 소리를 말합니다.
SOV(Sound Of Video) 또는 SOT(Sound Of Tape)라고도 합니다.
머지않아 여러분들도 편집 대본이나 시나리오에서
이 용어들을 보시게 될 것입니다.

	시각적 요소	청각적 요소
영상작품의 구성요소	동영상 클립, 자막, 사진이미지	현장음(SOV), 해설음(내레이션)
	효과 영상, 컴퓨터 그래픽(cg), 애니메이션	효과음, 배경음악(BGM)

한겨울 새벽 빈 편집실

2016 01 30

속 쓰린 새벽이 날 깨우고
부치다 만 연하장이 날 놀리는 싸늘한 편집실.
컵라면에 곁들일 시큼한 김치 한 젓가락이
날 응원하는 유일한 벗이다.

창밖은 아직 어둡고
여의도에 휴일은 쓸쓸하기 짝이 없는데
일손 놓고 마른 가슴 긁적대니
살 비듬만 하얗게 묻어난다.

시간마저 얼어붙은 한겨울에 빈 사무실.

지금은 그리운 새벽 다섯 시.
아직 할 일이 까마득히 남아 있는
2016년 1월 30일.

동트는 창밖 내다보며

2016 06 22

고등학생 시절, 초저녁잠이 많았던 나는
새벽에 일어나 공부하는 습관이 있었다.
이맘때 초여름 새벽이면 문밖에서 늘 들렸던 소리가 있다.
쏙독새와 휘파람새 소리.
우묵골 느티나무 깨서 들려오는 휘파람새 소리.

휘~이 휘~이 휘~이 휘~이.
휘파람새가 울 때마다 어둠이 한 뼘씩 물러나고
문밖이 살금살금 밝아 오고 있었다.
그리고 윗말 논빼미 깨서 우는 쏙독새 소리.

쏙쏙쏙쏙쏙쏙 쏙 쏙.
한밤의 정적을 깨뜨리는 아련한 외침이랄까?
바람을 몰고 왔는지 이슬을 안고 왔는지
쏙독새는 약간의 소란스러움을 동반했었다.
부지런한 농부들을 깨우는 자명종과 같은 존재.

아무튼 쏙독새와 휘파람새의 울음소리가
내 새벽 공부를 응원했던 것만은 틀림없다.
그리고도 한참을 지나야만 닭 울음소리가 들리기 시작한다.
산촌의 아침은 이런 소리들과 함께

동산을 넘어 달려오곤 했다.

어둠은 고요함과 맞닿아 있다.
산골일수록 더욱 그렇다.
천장을 뛰어다니는 쥐 소리.
외양간 누렁소가 덜거덕대는 소리.
이따금 아랫말에서 들려오는 개 짖는 소리.
이런 소리마저도 밤이 깊어지면 끊긴다.
시간이 멎은 듯한 깜깜함과 고요함.
난 지금 그런 고요함과 적막감이 몹시 그립다.

도시에서의 새벽은 참 아쉬운 게 많다.
청소차 빽 뽁 소리, 오토바이 굉음, 공장 기계 윙윙 소리.
밤새도록 끊임없이 이어진다.
상가의 불빛도 밤낮을 가리지 않는다.
하물며 그 옥상의 광고판은 밤이 깊을수록 오히려 밝아지기까지.
우리 집에선 조금 먼 것이 그나마 다행이랄까?
인구 밀도와 도시 집중도가 월등히 높다는 사정이 있다지만
시간이 멎은 듯한 고요함이나 적막감이란
잠시도 존재하지 않는 게 한국의 도시다.

지난해 봄, 박람회 취재차 일주일 정도 머물렀던
독일 하노버시 외곽의 라우페아트 쉬튀르.
아침잠을 깨우는 것은 다소 시끄러운 새소리들이다.
우리네 도심처럼 높다란 아파트도 상가도 없을뿐더러

가로등 불빛들도 희미하다.
기껏해야 2~3층짜리 단독 주택들이 나란히 이어지고
마을 공간의 30% 정도는 숲과 정원이 차지하고 있다.
그러니 마을은 주민 절반, 텃새 절반이다.
새벽 공기 역시 맑고 신선해서
산책하는 내내 기분이 상쾌했다.

나만의 욕심일까?
우리네 도시의 밤은 왜 늘 번잡하고 요란하며
대낮처럼 밝아야 하는가?
그런 곳에서 사는 사람들이 대부분이니
그들이 구성한 사회 역시
시끄럽고 조급하고 몰인정할 뿐만 아니라
점점 더 험악해지는 것 아닌가?

장마에 떠내려가는 잠곡 다큐멘터리
2020 08 19

큰 벽에 부딪힌 느낌이다.
잠곡 다큐를 만들겠다고 작정하고 촬영을 시작했는데
6월 말경부터 장마가 시작돼 8월 초순엔 연일 폭우가 쏟아졌다.
야외 촬영은 거듭거듭 뒤로 미루고 실내 촬영만 꾸역꾸역 진행했다.
장마가 끝나리라 예상했던 8월 17일과 18일을 야외촬영일로 결정하고
온 힘을 기울였는데 광복절 연휴가 시작된 15일부터
수도권을 중심으로 코로나19 확진자가 급증하기 시작했다.
주요 촬영지였던 가평에서도 최근 3일 동안 확진자가 13명이나 늘었다.
16일 용인 대장금파크에 2차 답사를 다녀 오면서
17일 18일 촬영 일정을 일단 일주일 뒤로 연기했다.
예상했던 대로 날씨는 쾌청. 장마와 폭우를 극복하고 나니
이번엔 코로나가 더 큰 직격탄을 날린 셈이다.

어제 오늘 별 하는 일 없이 마음이 싱숭생숭했다.
누군가 일부러 잠곡 다큐의 제작을 방해하는 듯한 느낌이 들었다.
참으로 오랜만에 느끼는 감정이지만
착잡한 마음에 잠이 오질 않는다.
이틀만 더 촬영하면 사실상 촬영이 끝나고 편집단계에 들어가는데
이 이틀이 참 중요한 촬영이다.
출연자들과 스텝들을 통솔하면서
드라마타이즈로 촬영해야 하기 때문이다.

내일 아침, 잣향기푸른숲에 가봐야겠다.
아니면 그곳 말고 다른 촬영장소를 택해야 하는데.
대장금 테마파크에 기대를 거는 수밖에.

***잠곡 김육(1580-1658) 선생은 조선 중기의 문신으로
대동법의 시행을 확대하고 동전의 통용을 장려한 정통 경제관료로
인조 때 음성 현감으로 시작해 효종 때 영의정에 오른 인물이다.
성균관 유생 시절 광해군의 폭정을 피해
경기도 가평의 잠곡마을에 은거하며
10여 년 농사짓고 숯을 구워 팔며 청빈하게 살았다.

코로나 전염병이 창궐했던 2020년에
잠곡 선생의 일생을 조명한 다큐멘터리를 제작했다.
가평의 명지산 자락과 잣향기푸른숲,
용인의 대장금드라마 세트에서 촬영했다.
그해 10월 남양주 실학박물관에 납품했다.
정용칠 강을수 선배님과 신용남 김철 형,
유연동 원영종 친구가 출연했고
청풍 김씨 종친회에서 촬영을 도와주셨다.

고조선 다큐 제작현장에 풍기는 똥 냄새
2023 06 08

나는 이 냄새를 잊지 못합니다.
너무나도 마음속 깊이 각인된 냄새여서
언제든 떠올릴 수 있는 냄새랍니다.
바로 이 냄새.
누에가 뽕을 갉아 먹고 똥을 잔뜩 싸놓은,
잠박에서 나는 그 야리꾸리한 냄새 말입니다.

고등학교 1학년 때 6월 중순.
나는 담임 선생님께 학교를 그만 다니겠다고
어렵사리 말을 꺼냈습니다.
그 해 2사분기 수업료가 천이삼백원 올랐고
어머니가 누에를 쳐서는
내 수업료를 학교에 낼 수 없겠다 싶었기 때문입니다.
선생님께 조퇴 신청서를 내고 터덜거리며
집에 돌아오다 뽕밭 풀섶에서 어머니를 만났습니다.

"나 학교 그만두기로 했어요.
형들처럼 서울에 올라가 돈을 벌 꺼예요."

"쓸데없는 소리 마라.
내가 아무려믄 니 수업료 하나 못 댈 꺼 같냐?
넌 그저 공부만 열씸히 하믄 된다."

어머니는 뽕 보자기를 깔고 앉아 힘주어 동여맵니다.
사실 달전천 물가에 조그마한 뽕나무밭이 있었는데
그것으로는 반 장 씨누에를 치기에도 모자랍니다.
누에가 허물을 세 번 벗으면 어머니는
먼 산 깊은 골짜기로 산뽕을 따러 다녔습니다.

실제로 그해 가을 학기에는 수업료 낼 돈이
턱없이 모자랐습니다.
사정을 눈치 챈 같은 반 친구들이 편지 봉투에 한 움큼씩
쌀을 담아 와 내 학비에 보탰습니다.
그리고 초등학교 은사님이 내게 응원 편지를 보내온 것도
아마 그쯤이었을 것입니다.
내가 고등학교를 무사히 졸업할 수 있었던 것은
당시 우리 반 친구들과
지금은 하늘나라에 계신 박승만 선생님 덕분입니다.

4천 년 전 고조선 유적에서 옥누에가 발굴되고
강원도에서도 똑같은 옥누에 유물이 발견됐답니다.
중국의 황하 유역에서 발굴된 것보다 3백 년쯤 앞선 양잠의 흔적이
만주와 한반도에서 발견된 것입니다.
마침 나는 조선상고사 다큐멘터리를
재미교포 역사학자들과 함께 제작하고 있습니다.
잠사곤충시험장에 전화를 걸어
양잠 농가를 촬영하게 해달라고 부탁했습니다.

이은진 연구사께서 고창군 선원면에 한 농가로
촬영팀을 안내했습니다.
비닐하우스 안에 기다랗게 누에섶을 올린 뽕나무 가지.
5령 누에들이 뽕잎을 갉아 먹으며 내는 사각사각 소리.
그리고 내가 꿈에서도 잊지 못하는 냄새.
바로 그 누에 똥과 뽕잎이 마르면서 나는 퀴퀴한 냄새.
실로 50여 년 만에 맡아 보는 정겨운 향기입니다.

행복했습니다.
이런 시공간에 내가 있다는 게 감사했습니다.
어머님이 몹시도 그리워졌습니다.

"우리 어머님이 살아계시면 내년에 백 살인데."
"난 올해 90이야. 며느리가 애쓰지 뭐."

누에 할머니가 내 말에 맞장구를 치셨습니다.
대뜸 사진을 함께 찍자고 했지요.

"에이, 늙은이를 찍어서 뭐하려고."

한사코 사양하시는 걸 제 카메라 앞에 모시고
즉흥적으로 한 컷 담았습니다.
내 어머님과 다를 게 뭐 있습니까.
누에 할머니가 건강하게 행복하게
더 오래 사시길 기원합니다.

부안시 변산면 마포리에 잠사곤충시험장.
씨누에를 육종해 잠업 농가에 보급하는 역할을 하는 곳입니다.
씨누에 육성동에는 한참 고치를 짓는 누에들과
고치 안에서 나방으로 우화될 날을 기다리는
번데기들이 가득합니다.
육성동이라 그런지 냄새는 전혀 나질 않고
가끔 환풍기 도는 소리만 들릴 뿐입니다.

누에가 자라 고치를 지을 때가 되면
하늘로 머리를 쳐들고 이리저리 흔들며
입으로 실(줄)을 뿜기 시작합니다.
푸르스름했던 누에의 몸빛이 누렇게 바뀐 지 며칠.
얼른 섶에 올려 고치를 짓게 해야지요.
어떤 녀석은 새하얀 실로
또 어떤 녀석은 누리끼리한 실로
다른 어떤 누에들은 노란 실로 제각각 고치를 짓고
그 안에서 번데기가 됩니다.

곤충들이 알 애벌레 번데기 성충이라는 네 단계의
일생을 산다는 건 잘 아시지요?
이제 번데기에서 탈피하면 나방으로 우화합니다.
한마디로 변태하는 것이지요.
나방의 입으로 고치를 뚫고 나와 흑갈색 똥을 싼 뒤
고치에 매달려 날개를 펴고
이제 마지막 임무를 수행해야 합니다.

나방 암컷과 수컷이 교미해서 알을 낳은 뒤
스스로 말라 죽는 것이지요.

어머님 생각이 하도 절절해서
농가와 시험장에서 고치 몇 톨 주머니에 넣었습니다.
그리고 집에 돌아와 베란다 책장 위에 놔뒀더니
오늘 아침 고치를 뚫고 누에나방이 세상 구경을 나왔어요.
나방들이 짝짓기해서 알을 낳고
그 알에서 개미누에가 탄생하는 것까지 살펴봐야 할 텐데.

"〈후한서〉 동이전에는
삼한지역(만주와 한반도)에서 기자가 동래하기 전부터
누에를 키우고 비단천을 생산했다고 기록돼 있다.
가장 유명하고 우수한 비단은 만주산 명주였다.
중국 학자들은 천잠이라 칭송했으며
원 조선과 길림성 일대의 서단산 문화를
'천잠명주 문화'라고 부를 정도였다."

- 윤명철의 〈한국인의 재발견〉 중에서 -

손때와 더께

2017 05 28

니콘 FM 카메라.
한때는 매일 어깨에 메고 다녀야 했었는데
베란다 짐 꾸러미에 처박혀 30여 년.

최근에 필름카메라가 다시 유행한다는
딸아이 말을 듣고 베란다 구석에서 꺼냈다.

손때도 묻었고 세월의 더께도 얹혔다.
손때는 '새삼스럽게' 옛 기억을 되살리지만
손때 위에 얹혀있는 세월의 더께는
날 정말 슬프게 한다.

그러나 하루 이틀 정성을 들여서는
세월이 빛나지 않는다.
짧게는 수삼 년, 길게는 수십 년
꾸준히 정성을 기울여야,
마침내 세월의 더께가 얹히고
그 일이 빛을 내기 마련이다.

홍관희 2017년 5월 28일 오후 06:25
아이러니 한 말?
슬픔이 아닌 뿌듯한 감동이 아닐까?
친구야, 윤 교수님 카메라 어디 있노?

박승희 2017년 5월 28일 오후 09:39
만감이 교차하겠는 걸. 아날로그가 좋지

가평다온펜션 2017년 5월 29일 오후 12:10
옛날엔 재산목록 1호...ㅎㅎㅎ
자식에게 대물림해줄 유산이네...ㅎㅎ

정 옥 2017년 5월 29일 오후 08:57
친구의 글을 보니 나도 울 딸 낳은 후 매일 찍어대던 카메라.
어딘가에 깊숙이 있는 거 옛 추억과 함께 꺼내 보고 싶네~~^^

이수봉 2017년 6월 11일 오전 12:01
손때는 묻었어도 세월의 더께는 보이질 않네요.
오히려 옛 고향을 돌아보는 느낌이랄까.
전문가의 지나온 흔적이 고스란히 남았네요.

평창 여행의 2가지 추억

2019 01 09

2002년 초.
오지 여행 다큐멘터리를 만들려고
평창의 한 산악회에 문의 전화를 했다.

"오지마을에요? 우리 산악회에서 주말에
시산제 겸 지동리라는데 갈 건데."

촬영 장비를 등짐으로 지고 금요일 3시쯤 평창읍에 내렸다.
전화를 받았던 산악회장 집에 갔더니 대낮부터 술판을 벌이고 있다.
다음날 촬영이 궁금해서
술판에 끼어들어 이것저것 물었더니

"그러면 제가 오지마을을 잘 아는 사람을
소개해 드릴 테니 그리로 가 보세요."
회장은 귀찮다는 듯 전화번호를 내밀었다.
물어물어 겨우 찾아낸 사람은 이 지역의 군의원이었는데
오지마을에 대한 정보는커녕 자기 자랑만 2시간 정도 늘어놨다.
그러면서 오지마을 여행과는 전혀 상관없는 얘기를
인터뷰에 붙여달라고 한다.
참, 난감했다.

여튼 인근 모텔에서 잠을 자고
다음 날 아침 산악회를 따라 태백산 등반에 나섰다.
맑은 아침, 산길에는 눈이 부시도록 눈꽃이 가득 폈다.
멋진 장면들을 담을 수 있을 것 같아 카메라가 신이 나기 시작했다.
그러나 시산제가 끝날 때까지는 오지마을 얘기를 꺼낼 수 없었다.
12시쯤 시산제가 끝나고
산악회 관계자에게 오지마을 동행을 부탁했더니

"케이블 방송이에요?
에이 우린 지상파방송 아니면 안 나가요."

면전에서 노골적으로 이런 말을 하다니.
치욕스러웠지만 참았다.
허탕칠까 두려웠기 때문이다.

그해 겨울 평창은
차차기 동계 올림픽을 유치할 것이라며
언론에 대대적인 주목을 받고 있었다.
결국 산악회원들은 나를 외면한 채 모두 송어횟집으로 몰려갔고
나는 평창에서 하룻밤을 더 묵어야 했다.
다행히도 산악회에 함께 갔었던 산 아랫마을 이장님이 나를 도와주셨다.

지동리.
이장님은 속상해하는 나를 달래려 두부찌개에다 동동주를 차려냈다.
이장님 댁에서 하룻밤을 자기로 하고
다음 날 인근 마을에 가서 오지여행 편을 촬영하기로 했다.

몹시 스트레스를 받았기 때문에 술에 만취에 잠에 털어졌다.

새벽 4시쯤 잠에서 깼다.
보름을 며칠 앞둔 상현달이 화장실 앞을 훤하게 비췄다.
안마당에 다시 들어서는데 달빛에 유난히도 반짝이는 무엇이 있다.
낮에 나를 몹시 반겼던 이장 집 풍산개.
그 머리를 쓰다듬으려는 순간, 풍산개는 내 새끼손가락을 콱 물었다.
술 냄새 때문이었는지, 도둑으로 오인했기 때문인지.
손가락이 잘리는 줄 알았다.
이장님이 걱정할까 봐 조용히 짐을 챙겨
곧바로 원주에 가서 파상풍 치료를 받았다.

그해 평창은 동계올림픽 유치에 실패했고
4년 뒤 평창에 다시 갈 기회가 생겼다.
이번엔 태백산이 아닌 청옥산 중턱, 조동리.
시청자 가족을 동반하여 국내 유명 여행지를 돌아보는 로드 다큐.
"눈 덮힌 산촌, 평창에 가다"를 만들어야 했다.
거기 조동리 언덕에서 펜션을 운영하는 정철화 사장님께
개 썰매를 태워 달라고 전화했다.

"눈이 다 녹아서 지금 상태로는 개 썰매를 탈 수 없습니다.
하늘을 믿는 수밖에."

함께 간 이효복 씨 가족은
배려심이 많은 소박한 이웃 사람들 같았다.

그런데 펜션에 도착하자마자 청옥산에 눈이 내리기 시작했고
한 시간 정도만 더 내리면 내일 아침 임도에서
개 썰매를 탈 수 있겠다는 말을 들었다.
고구마 굽는 냄새가 구수한 난롯가에서
시큼한 김치와 식혜를 먹고 마시며 훈훈한 저녁을 보냈다.

이튿날 아침까지 청옥산 자락에는 함박눈이 내렸다.
개 썰매를 타기 좋을 만큼 눈이 쌓였다.
트럭에 멜라뮤트와 시베리안허스키를
각각 2마리씩 싣고 임도를 덜컹대며 오르는데
무너진 귀틀집 부엌에서
큼지막한 고라니가 뛰쳐나와 쏜살같이 숲속으로 사라졌다.
가족은 그날 청옥산 중턱 산림도로에서
신나게 개 썰매를 탔다.

"가자, 가자~아!"
함박눈을 헤치며 눈길을 뛰고 달리고
썰매를 끄느라 지친 개들에게는 참 미안했다.

웰컴투동막골 세트장이 있는 미탄면 율치리가 다음 행선지.
한 해 전 여름에 개봉한 영화가 큰 인기를 끌었고
이효복 씨 가족은 평창에 온 김에 그 세트장엘 가보자고 했다.

영화는 동막골이라는 두메산골에 미군 비행기가 추락하고
인민군과 국군 낙오병들이 모여들면서

전쟁의 소용돌이에 휩싸이게 된다는 내용으로
개봉 3개월 만에 500만 관객을 동원한 흥행작이었다.

세트장에는 너와집과 굴피집 등
1950년 초반 강원도 산간지방의 가옥 10여 채가 옹기종기 모여있다.
처마에 매달린 옥수수,
댓돌 위에 놓인 고무신,
찬장과 부뚜막, 사기그릇.
마치 타임머신을 타고 과거로 되돌아온 듯
동막골은 고향마을처럼 아늑했다.

눈 온 설날 아침에

2022 02 02

잠 깨어 창밖을 내다보니
설날 아침이 온통 새하얗다.

떡국 한 그릇
후춧가루 냄새에 취해
후루룩 마시고

아내와 딸을 앞세워
동네 한 바퀴 나들이 간다.

소래포구역은 눈 모자를 썼고
해오름 광장엔 보송보송한
솜이불이 깔렸다.

뽀드득 소리와 까르륵 소리가
스테레오 사운드로 들리는
2022년 설날 아침.

참 좋다.

다큐 "강기훈 유서대필 조작 사건" 재조명

2021 11 30

"초임 기자 시절에 터진 유서대필 의혹 사건.
당시 나는 한 경제신문의 산업부 기자로 있었는데
이 사건이 터졌을 때 취재도 할 수 없고
기사도 쓸 수 없는 현실이 몹시 안타까웠다.
법조 출입 기자나 사회부 기자가 아니었기 때문이다."

산문집 〈부뚜막에서 꺼낸 운동화〉 중에서

내겐 30년 케케묵은 숙제가 있었다.
그 아쉬움을 일기에 써 두었다가
나중에 내 산문집 〈부뚜막에서 꺼낸 운동화〉에
그 소회를 실었던 적이 있다.

그리고 30여 년이 지나 현직에서 은퇴한 뒤
우연히 내게 강기훈 유서대필 의혹 사건을
재조명해 볼 기회가 찾아 왔다.
한 방송사 제작 설명회에 후배를 대신해 참여했는데
거기 예비 아이템에 "강기훈 유서대필 의혹 사건"이
포함돼 있었던 것.
얼른 내가 제작해 보겠노라고 전화를 했다.

한동안 수면 아래로 가라앉아 잊혀져 가는 듯했던
사건은 2014년 서울고등법원에서
'강기훈의 자살방조 혐의가 무죄'라고 판결하면서
우리 사회에 또 한번 큰 파문을 일으켰다.
사건을 조작한 검찰을 개혁하라는 여론이 비등했다.
사회적으로 큰 파장이 드리웠던,
오랜 기간 진위 공방이 끊이지 않았던 사건임에도
관계자들이 촬영 인터뷰에 선뜻 응하지 않았다.

"열사들의 잇따른 분신 투쟁에도 불구하고
유서대필 의혹 사건으로 민주화 요구가 매몰되면서
1991년의 민주화 투쟁이 결국 실패했던 것"이라는
자조 섞인 평가들이 많았다.

여하튼 30여 명의 관계자들과 강기훈 씨를 인터뷰하고
이한열기념관 민주화운동 기념공원 등 20여 곳을 다니며
두 달 정도의 시간을 투입했다.
그리고 열흘 정도 편집에 매달린 끝에
11월 28일 KTV(국민방송)
'영상기록, 진실 그리고 화해'라는 프로그램에
〈1991 봄, 강기훈 유서대필 조작 사건〉편이 방송됐다.

"공안 검찰의 조작이었다는 게 이미 다 드러났고
mbc 뉴스타파 sbs 등에서 오래전에 방송했던 것을
재탕해서 뭣에 쓰겠느냐?"는 비판이
아직도 내 가슴을 후벼 파고 있다.

1991년 이 사건을 기소했던 검찰과 필적감정인,
그리고 원심 판사들에게 단지 전화 몇 통 걸어보는
정도로 취재를 마무리한 것이 몹시 부끄럽다.

자살방조범이라는 억울한 누명을 쓰고
30여 년 고통스럽게 살아온 강기훈에게
검찰은 아직도 진심으로 사과하지 않고 있다.
문무일 전 검찰총장이 몇 년 전
부산의 형제복지원 인권침해 사건과 함께
조건부 사과를 했지만
그것은 진심을 담은,
자신들의 잘못을 인정한 사과가 아니었다.
당시 이 사건을 직접 수사하고 기소했던 검사들은
여전히 당시 수사에는 잘못이 없었다는
주장을 굽히지 않고 있다.

검찰이 흘려주는 대로 받아씀으로써
당시 민주화운동 세력이 분신자살을 부추기고
배후 조종한 것처럼 여론을 호도했던 일부 언론들은
여전히 똑같은 행태로 국민을 기망하고 있다.
이른바 법조팀 기자들이 생산해 내는 기사들이
아직도 대부분 '검찰발 의혹'을 검증 없이
그대로 받아쓰고 있다.
당시 열사들의 잇따른 분신 투쟁을 폄훼하고
민주화 운동권을 파렴치한 자살방조 세력으로 몰아세웠던,

무책임하고 무자비한 기사를 썼던
어떤 기자도 참회하거나 용서를 구한 일이 없다.

법원 역시 자신들이 30여 년 전에 판결한 사건이
재심에서 무죄가 확정됐음에도
원심 재판에는 아무런 문제가 없다는 입장을 견지하고 있다.
형사소송은 2015년 대법원의 확정 판결로 끝이 났지만
민사소송 즉, 손해배상청구 소송은 현재 항소심이 진행 중인데
1심 판사들은
"당시 사건이 조작됐다고 볼 수 없고 검사들의 수사가
부적절했다는 상당한 이유를 찾을 수 없다."라며
원고 일부 패소 판결을 내렸다.

진실화해를위한과거사정리위원회가
과거 국가폭력에 의한 피해 사례를 조사하고
진실을 규명하는 데는 어느 정도 성과를 내고 있으나
가해자와 피해자가 사과하고 용서하며
화해를 이루는 데는 별 성과를 내지 못하고 있다.

오래전에 벌어진 사건이라 해도,
이미 대법원에서 결심이 된 사건이라 해도
재조사와 재심을 통해 진실이 규명되고
"권력의 인권침해 사실이 명백히 드러난 사건의 경우
공소시효를 없애고 가해자들을 반드시 처벌해야 한다."
라는 주장이 설득력을 더해가는 까닭이다.

빨갱이 섬 개야도, 그 피맺힌 절규

2021 10 02

군산 앞바다에 작은 섬 개야도.
배 타고 고기 잡는 게 전부였던 순박한 어부들.
그런데 그 사건 이후로
섬 주민 절반 이상이
경찰서나 보안부대로 끌려가 조사를 받았다.

1968년 6월, 연평도 근해에서 조기를 잡던
고깃배 30여 척이 납북됐다.
그리고 그해 11월 납북됐던 어부들 150여 명이
강원도 거진항으로 돌아왔다.
거기엔 개야도 소속 고깃배도 있었다.

천신만고 끝에 돌아온 그들을 기다린 것은
따듯한 남쪽 나라, 그리운 가족의 품이 아니라
차가운 경찰서 유치장.
그러고는 '반공법 위반 간첩 혐의'가 덧씌워진 채
감옥살이를 해야 했다.
겨우 풀려나 고향 마을에 되돌아왔지만
'빨갱이'란 멸시와 따돌림에 시달려야 했다.

10여 년 뒤 당시 선원들 중 일부가

또다시 보안대에 끌려가
"간첩 행위를 자백하라"라며 모진 고문을 받았고
"고정간첩 일망 타진"이란 기사와 함께
개야도는 빨갱이 섬이 되었다.

40년이 흐른 뒤
진실과화해를위한과거사정리위원회의 권고로
이들은 차례로 재심을 청구했고
모두 무죄 판결을 받았다.
그러나 간첩 누명을 쓴 채
4~50년 숨죽이며 살아야 했던
이들 가족의 피맺힌 한을
어떻게 풀어야 한단 말인가?

참 좋은 나무 목백합

2025 05 31

아기가 손을 오므렸다 펴는 것처럼
잎눈이 튼다.

튜울립을 닮은 연노랑 꽃
비스킷 과자 향기가 난다.
어린 까마귀들이 쪼아 먹는다.

뙤약볕이 쏟아지는 길가에서
초록 잎을 반짝거리며 어서 오라고
짙은 그늘을 펼친다.

하늘 바탕에 카메라를 들이대면
목백합 가을 단풍은 언제나 나를 반긴다.

불기산 자락 독점 물가에
오누이처럼 두 그루 나란히 서 있었다.

사진과 타이밍

2024 06 18

엊그제 운동 마당 벤치 옆에 민들레가
꽃잎을 다 털어내고 홀씨를 활짝 폈다.
아침볕에 반짝거렸다.
얼른 핸폰 카메라를 겨눴더니
그 배경에 있는 개망초가 화면의 구도를 망쳤다.
개망초 꽃망울에도 쪽볕이 닿았던 것.
개망초에서 쪽볕이 비켜나길 기다렸다.
마침내 나뭇잎 사이로 내리쬐던 쪽볕이
개망초에선 사그라들고 민들레 홀씨에서만 반짝였다.
그런데 느닷없이 바람이 불기 시작했다.
바람이 그쳐야 더 선명한 사진을 얻을 텐데.
한 2분가량 바람이 세게 불었다.
홀씨가 바람에 흩어질까 걱정했다.
바람이 그쳤지만 이젠 햇빛이 바뀌었다.
민들레 홀씨에서도 쪽볕이 사라졌던 것.
하는 수 없이 그늘진 씀바귀 홀씨를 찍었더니
사진이 썩 맘에 들지 않았다.

오늘 여기 공원 마당에 달려오면서
민들레 홀씨 생각이 다시 떠올랐다.
그 홀씨는 엊그제처럼 싱싱하지 않고 바짝 말라 앙상했다.

홀씨는 다 날아가고 민둥머리만 남았다.
민들레 홀씨는 엊그제 내가 팔굽혀펴기하던
바로 그때가 전성기였던 것. 불과 이삼일.
그리고 사진 찍기 가장 좋았던 순간은 바로 10여 분.

세상 만물이 제각각 짤막한 전성기를 구가한다.
숲에는 그 시시각각이 전성기의 연속이고
그때마다 절정에 달한 존재가 반짝이게 마련이다.
엊그제 그 순간의 민들레 홀씨처럼.
세상만사가 의미심장한 찰나의 연속인지 모른다.
누군가는 생의 전성기를,
누군가는 가장 혹독한 찰나를 넘기면서
변화무쌍한 세상을 함께 엮는 것일 게다.

사진은 사실 그 찰나를 붙잡아두는 빛의 예술이다.
정지된 찰나가 보는 이에게 얼마나 공감을 받느냐가
사진의 성패를 가른다.
말하자면 작가는 감동적인 찰나를 놓치지 않고 촬영해서
사진 작품으로 남겨야 하는 것.
그러나 찰나는 찰나일 뿐 두 번 다시 반복되지 않는다.

모든 일에는 순서가 있고 때가 있다.
모든 삶에는 고난이 있고 절정이 있다.
마치 파도에 일렁이는 쪽배를 탄 것처럼
고난이든 절정이든 순간순간 함께 일렁이며
목적했던 먼 항구의 불빛을 바라보아야 하지 않을까.

제5장 느긋하게 몰입하는 행복 **촬영** 편집

내 친구 김우진이 쓴 글

2010 11 23

오늘 오전 심심해서 옛날 생각하며 내가 해본 직업을 써 본다.

30여 년 전 금성통신에서 직장 생활

(훈련소에서 놀다가 "가공과"라는 곳에서 시작)

1980년 초 군대 생활 시작

(광주사태 - 조선대학교 배치, 수기사 - 삼청교육대 접수 등)

1982년쯤 금성통신 직장 생활 - 생산기술, 생산관리

1987년쯤 퇴사

1987년 언제쯤 화곡동에서 속셈학원 운영

(그 당시 애들 엄마 상대하는 것이 적응이 안 돼서 5개월 뒤 접음)

1987년 하반기 영등포시장 사거리에서 노점상 해봄

(1차 - 오리털 잠바 판매, 2차 - 구두 부츠 판매)

- 처음엔 얼굴을 들지 못하고 있다가 3일 뒤에는 자신감이 생겨서 상대방 얼굴을 볼 수 있었음.

노점상 할 때 하루에 500원 상납하였고 민주화 운동이 대단할 때라 전경에게 끌려가기도 여러 번...그러던 중에 노태우 대통령 당선.

1988년쯤 금성통신 재입사

(재입사 사연 - 내가 그만둘 당시 이광묵 공장장이 오산 금성전기로 근무지 변경한 뒤였음, 1년쯤 지난 후 인사차 이광묵 공장장을 만날 기회가 있었는데 (오산에서 다시 안양 공장장으로 복귀한 상황)

내가 그만둔 것을 모르고 있었다 함.
그래서 다시 회사로 들어오라고 권유함.
(내가 잘나서가 아니라 인간적인 인연 때문인 것 같음.)

1995년 중 청주에서 퇴사 (직장 생활 끝)
1995년 말 휴대폰케이스 사업 시작
1996년 중 휴대폰케이스 수출 시작
(영국, 독일, 폴란드 1-2회 약간의 물량 수출 후 땡,
본격적으로 호주와 거래 시작)
많지는 않지만 쭈욱 일을 하다가 imf는 나에게 도움을 줌.

2000년에는 백만불 탑 수상함 - 김대중 대통령에게 받음.
그리고 계속된 가격 하락으로 2003년에는 중국 청도에서
1년 반 정도 위탁가공을 의뢰함.
2000년 들어서 부동산에 약간의 눈을 떠서 분양권 거래 등
일부 부동산에 배팅을 하여 쏠쏠한 재미를 봄.

2005년 상가를 분양받아서 무엇을 할까 고민하다가
세탁업을 5년쯤 운영함(직원 6명)
2010년 새로운 것을 모색하다가 현재 자동차 외형 복원 일을 하게 됨.

살아오면서 누구나 자기 복이 있기에
열심히 하는 것도 좋지만 소위 "운"이라는 것이 존재하는 것 같음.
태어나면서 크고 작은 복을 갖고 있음에
흐름에 역행하지 말고 순응하며 살아야 되지 않을까요.

제6장

내 맘속에 반짝이는 늘 푸른 샛별
친구

책상에 발을 얹고
까치 소리 요란한 창밖을 내다보다가
문득 떠오르는 친구가 있다
그 즉시 네가 보고 싶다며
전화할 수 있는 친구가 있다

찌그러진 주전자를 가운데 놓고
시장 바닥에 철퍼덕 주저앉아
막걸리 한 잔 건넬 수 있는
그런 친구가 내겐 있다

가끔 그리울 때가 있습니다

2022 01 14

그래도 가끔은
그리울 때가 있습니다.
이미 오래전에 소식이 끊겼지만
어쩌다 문득
보고 싶어지는 사람이 있습니다.

햇살 가득한 겨울 창가에 나란히 앉아
예전처럼 뜬금없는 수다를
주절주절 풀어놓고 싶어집니다.

가을볕 맑은 아침에는

2018 11 03

가을볕이 맑은 아침에는
일하러 가고 싶지 않다.
그냥 마음이 싱숭생숭 들뜬다.

물안개가 느지막이 걷히는 이즈음
내 고향 북한 강변엔
강둑길을 따라 기다랗게
무서리가 내려앉겠지.

덜컹대는 완행열차를 타고
가을볕이 비껴드는 창가에 앉아
두어 시간 달리면
거기 아담한 간이역이
아직도 날 반기는 곳.

논두렁 밭두렁 이어진
구부정한 들길을 따라
한 시간쯤 찬찬히 걸으면
북한강 강둑 아래
진흙 벽 반짝이는 초막집이
가을볕을 가득 안고 서 있겠지.

햇살이 토닥토닥 돌담을 두드리면
깨주저리 털다 벌떡 일어나서
나를 덥석 안아 반길
그런 친구가 있으면 좋겠다.

가을볕이 맑은 날에는
막걸리 서너 잔에
마음이 금방 녹아내리는 친구를 찾아
훌쩍 떠나고 싶다.

달빛 밝은 가을밤엔
2024 05 03

가을볕 맑은 아침에는
빈손에 책 한 권 들고
무작정 찾아 나설 친구가 있으면 좋겠다.

간이역에 문득 내려 한 시간쯤 걸으면
거기 강변에 오두막 짓고
들꽃처럼 사는 친구가 있으면 좋겠다.

금물결 반짝이는 강둑에 마주 앉아
마른 가슴 녹일 수 있는 그런 친구를
오늘 만나면 참 좋겠다.

달빛 밝은 가을밤엔
턱 받치고 창가에 앉아
마냥 기다릴 친구가 있으면 좋겠다.

시간 멎은 산골짝에 소쩍새 울고 가면
은하수 가로질러 별똥별 떨어지듯
느닷없이 찾아오는 친구가 있으면 좋겠다.

모닥불 피워 마당 데우고
고추장 발라 산더덕 굽고
막걸리 한잔에 덜컥 취해버린 친구와
밤새도록 주절대고 싶다.
풀벌레처럼.

서해금빛열차 온돌마루에 앉아
2018 12 14

영등포역은 참 떠나기 좋다.
서울역이나 용산역보다는 덜 번잡하고
시골 역 분위기가 조금은 남아 있기 때문이다.
커피 한 잔 사 들고 역 홈에서
열차가 오기를 기다리는 시간.
어디론가 떠날 땐 늘 가슴이 뛰는 순간이다.

"잠시 후 익산으로 가는 서해금빛열차가
타는 곳 5번 홈으로 들어오겠습니다."

서해금빛열차.
창 넓은 온돌마루 객실이 좋다.
절친의 부부와 동반할 여행이니 더욱 그렇다.
김밥 서너 줄과 삶은 달걀 대여섯 개.
어릴 적 소풍 갈 때처럼 마음이 콩닥거린다.
금빛열차는 장항선에 하루 한차례 다니는 관광열차다.
아침 8시 36분에 용산역을 출발해
영등포 수원 아산 온양온천 예산을 지나 홍성에는
10시 반쯤 도착한다.

친구 집은 홍성역에서 승용차로 20여 분 거리.

오봉산과 비봉산을 가르는 무한천을 끼고
야트막한 동산 아래 있다.
친구의 정성이 가득 담긴 정갈한 점심상을 받았다.
두부찌개에다 고추 튀각, 감자전에 막걸리까지.
외양간에 누렁소들이 구시렁댄다.
자기들한테는 국물도 없느냐는 눈치다.
커다란 눈망울을 껌뻑이며 낯선 카메라 냄새를 맡느라
콧김을 길게 내뿜는다.
에고, 귀여워라!
갓난쟁이 송아지도 있네.
논두렁 밭고랑 감자 마늘 당근 고추밭.
쇠시렁 곡괭이 호미 작두 부지깽이.
돌담 장독대 항아리.
눈길 닿는 모든 것이 정겹다.

살구나무 그늘에 산 그림자를 베고 누웠더니
먼 골짜기에서 들리는 뻐꾸기 소리.
어릴 적 고향 집 툇마루에서 나른하게 들었던 저 소리.
친구가 있고 막걸리가 있고
들기름 내 나는 파전이 있고
멀리서 뻐꾸기가 노래하는
여기 친구 집에 오길 잘했다.
불현듯 나서길 참 잘했다.
금빛열차를 타고 훌쩍 떠나오길 정말 잘했다.

독점 천렵에 온 상색 친구들에게
2024 08 18

"당신은 친구만 만나면 왜 집 생각은 까마득히 잊는 거야?"
아내의 성화가 마음에 걸려
이왕에 취한 거 한잔 더 하자는 소리를 거뒀다네.

절반쯤 취한 발걸음이
40년 전으로 거슬러 올라가 스무 살 무렵에 머무르니
종로 뒷골목에 허름한 포장마차가 보이더군.
친구는 잔뜩 취했고 나도 꽤 취한 듯하네.
자네가 동전을 탈탈 털어 소주 한 병 더 까더니
"이러는 내가 싫고 이런 나를 좋아하는 너는 좋다"며
느닷없이 웃음인지 울음인지 헷갈리는 표정을 지었지.
그때 난 친구의 비어 있는 속을 보았다네.
난 친구의 빈 속에 진심을 채워야 한다고 생각했었지.

발길을 돌려 기다란 언덕을 넘으니
이번엔 너린내 산기슭이 보이네.
친구들 네댓이 둘러앉아 긴 한숨을 토해내고 있구먼.
머리가 희끄므리하니 아마 50대 중반쯤 되었나 봐.
그날 우린 절터골에 친구를 장사지냈지.
서툴고 저린 발짓으로 '에헤 어허리 덜~컹'
친구를 묻고 회다지를 했었지.

또 십여 년 지나 예순다섯이 된 오늘.
독점 물가 그늘에 마주 앉으니
영등포와 구로동에서, 미아리와 창동역에서
그리고 일산 강매와 가평 상색에서
늘 함께했던 친구의 모습이 물거품처럼 반짝이며 사라지네.

이젠 빈 속이라도 어쩔 수 없네.
그저 마주 앉아 있는 것만으로도 행복하다네.
아내는 내게 친구들에게 아무리 잘 해 줘 봐야
죽을 때 당신 곁을 지킬 사람은 가족들뿐이라 말하지만
괴로울 때나 어려울 때나 슬플 때나 행복할 때나
내 곁에 늘 친구가 있었으니 내 삶이 외롭지 않았다네.

정말 고마워.

여행 같은 삶 소풍 같은 일상
2022 08 07

등짐을 한 짐 지고 나섰지.
녹음 장비 촬영 카메라.
그래도 마음은 가뿐한 거 있지.

일부러 느릿하게 가는 열차를 탔어.
차창가에 앉아 서너 시간쯤
이 생각 저 생각 잡생각 하면서 남도에 가려고.
친구 집에 하룻밤 묵으며
옛 얘기를 안주 삼아 절반쯤 취해 잠들고
새벽녘엔 운곡습지에 나가
새소리와 물안개로 눈과 귀를 씻을 거야.
선운사에서 이틀 정도 머무를 참이야.
산사에 번지는 종소리 풍경소리 들으며
새벽 예불에도 참여해 볼 거야.

참 다행스러운 일이지.
수많은 날을 비워낸 덕분에 주어진 소풍 같은 며칠.
난 더 가벼워지고 싶어.
더 헐렁해지고 더 자유로워지고 싶어.
물처럼 바람처럼
그리고 구름처럼.

새마을관 사감 선생님

2011 08 13

고등학교 2학년이 되면서부터
재미있는 체육 시간도, 신나는 방학도 쥐꼬리만큼 줄었다.
체육 시간은 일주일에 겨우 한 시간이고
여름방학도 고작 열흘 남짓이다.
방학한 지 2주일 차부터는 새마을관에서 합숙하며
대학입시 공부에 몰두해야 한다.

짧은 방학이 다 가고
드디어 새마을관에 입소하는 날.
여기저기 낯익은 친구들이 이불을 싸 들고 새마을관에 도착한다.
새마을관은 목조건물이었던 소강당을 허물고
그 옆에 새로 지은 시멘트 건물이다.
반별로 침상을 배정받고 한 40여 명쯤 되는 친구들이
나란히 침상에 걸터앉았다.

"제군들..."
이수우 사감 선생님의 일장 훈시가 시작됐다.

"제군들에게 앞으로 2년은 가장 중요한 시기다.
너희들의 인생에서 앞으로 2년은 없는 걸로 치고
공부에만 매진해라, 알겠나?"

아침 일찍 일어나서 운동장을 한 바퀴 돌고
밤 11시에 점호하는 군대식 단체생활이 시작된 것.
처음 며칠은 친구들 모두가 정말 열심히 공부했다.
하지만 며칠 뒤 새마을관의 담벼락을 넘어
달전리 구멍가게에 다녀오는 친구들이 하나 둘 늘어나더니
급기야 맥주병을 사 들고 담 타 넘던 몇몇 친구들이
사감 선생님에게 직방으로 걸렸다.

"너희들 공부하라고 새마을관까지 지어서 기숙사로 내어 준
교장 선생님을 이렇게 배신하다니 참으로 한심한 일이다."

그날 밤 어디선가 거나하게 술을 마시고 들어 온 사감 선생님.
술주정 비스므리하게 장황설을 풀어 놓는다.

"니들은 선생님 마음을 너무도 몰라.
내가 새벽 두세 시까지 뜬 눈으로 함께 지내는데
그게 다 니들 잘되라고 하는 거라고 인마."

"샘, 저희가 잘못했으니깐요.
축구 중계방송 한 번만 해 주세요."

잠시 눈을 지그시 감았던 선생님.
"다시는 담을 넘지 않겠다 약속하면
니들이 해달라는 대로 중계방송을 해준다. 약속할 수 있나?"
"네~에!"
"센터 서클 부근 변병주 선수 받아서 한사람 제치고

페널티 박스 오른쪽으로 연결했습니다.
차범근 선수, 치고 들어가다 센터~링, 김재한 선수 헤딩 슈~웃!"

"골인!"
"와아~"

마음이 여린 이수우 선생님은
그날 밤 점호를 건너뛴 채 꿈나라로 가셨다.

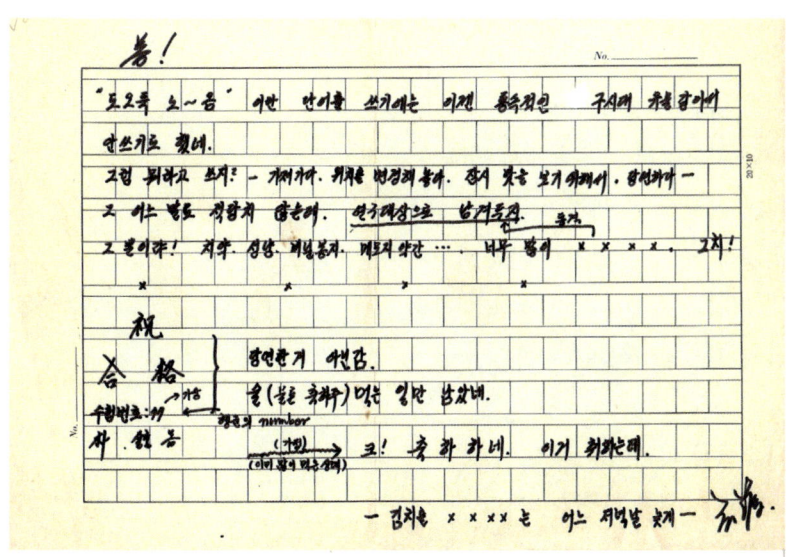

편지, 세월이 빛나기를.
2014 10 07

목소리를 듣는 거 쉽지 않았지.
전화기가 흔치 않았거든.
소식을 전하려면 편지를 부쳐야 했지.
공들여 내 마음을 옮겨 쓰고
마을 문구점에 들러 크리스마스 씰과
우표를 사서 침 발라 붙이고
빨간 우체통에 넣어야 했지.
받았는지 어쨌는지 알려면 한 달은 족히 걸렸어.
개중엔 영영 답을 받지 못한 것도 있지.
한두 해 공을 들여서는
세월이 빛나지 않는 법이야.
여기 이 색바랜 편지들이
나와 친구들의 마음속에서 반짝이는 건
이미 삼사십 년 세월이 흘렀기 때문이지.
정성껏 이 작은 편지를 간직해 온 까닭은 바로 너.
내 절친과 오래오래 공유하고 싶은,
반짝이는 추억이 있기 때문이야.

반짝이는 삶을 이어가길 바래.
언젠가는 네가 보낸 긴 세월이
너의 눈앞에서 눈부시게 빛나길 바래.

이소형 2014년 10월 7일 오후 01:35
편지가 그땐 그랬지~~
편지지 이쁜 거 골라서 한 자 한 자 또박또박 정성스럽게~~~
우리도 신랑이랑 연애할 때 주고받은 편지 아직도 고스란히 있거든.
새롭고 아련하다.

고진수 2014년 10월 7일 오전 07:56
정성이 느껴지네. 진심이 느껴지네. 따스함이 느껴지네.
우리가 잃어버려가고 있는 것들인가 하여 초조하네.

박봉옥 2014년 10월 7일 오후 03:04
인기 많았네~ 받은 편지가 많은 거 보니~
추억이 많아 늙어서도 심심하지 않겠다.

내겐 잎네비 친구가 있다
2024 07 16

책상에 발을 얹고
까치 소리 요란한 창밖을 내다보다가
문득 떠오르는 친구가 있다.
그 즉시 네가 보고 싶다며
전화할 수 있는 친구가 있다.

이것저것 묻지도 따지지도 않고
아무렇게나 만날 수 있는 친구가 있다.
가랑비 추적추적 내리면
김치전 한 장에 막걸리 두 잔을 놓고
시장 바닥에 철퍼덕 마주 앉을 수 있는 친구가 있다.

배불뚝이 쪽지시험 치르던 학창시절에서부터
청량리 마장동 종로 뒷골목에서
통행금지 사이렌을 함께 듣던 청년 시절,
가평군청, 남이섬, 굿모닝요양센터를 지나
대학약국과 피자가게에 이르기까지
가슴 한가득 묶어뒀던 추억담을
밤새도록 풀어놓을 수 있는 친구가 나에게는 있다.

시기하는 마음 없이

내가 성공하기를 빌어 준 친구가 있다.
경쟁하거나 비교하지 않고
자기 하고 싶은 일에 미친 듯이 몰두해 온
그런 친구가 나에게는 있다.

무더위 장마 쟁쟁한 여름날,
가평천에 족대를 몰아 피라미 가재 잡고
고추장 풀어 매운탕 끓였다며
잎네비 다리 아래로 늙은 친구들 불러 모으는
그런 친구가 있어 나는
정말 정말 행복하다.

드라마틱한 인생

2014 07 08

작가가 드라마 대본을 쓰는 궁극적 목적은
시청자를 감동케 하는 것이다.
그러기 위해서는 재미있는 인물과 사건,
필연적인 갈등과 위기를 적절하게
뒤섞어야 한다.
주인공이 극복하는
갈등이나 곡절이 강하고 심할수록
시청자들에게 전달되는 감동도 크게 마련이다.

흔히들 인생을 한 편의 드라마라고 한다.
내 인생이 누군가를 감동케 하는
드라마가 되려면 어때야 할까?
무덤덤하고 평탄해서는 곤란하다.
곡절도 많고, 극복해낸 고난이나 역경도
크고 절박한 것이라야
그 삶에 큰 감동이 깃들게 마련이다.

그러나 인생 드라마는
그 어느 누구보다도 어려운
자기 자신부터 감동케 해야 한다.
그 감동의 본질은 사랑과 행복이 아닐까?

장영숙 2014년 7월 8일 오후 04:20
우린 정말 격한 감정을 불어넣고
역경을 겪는 드라마를 좋아하는 거 맞어.
그렇지만 내가 그 주인공이 되는 건 원치 않지.
그저 평탄하게 인생을 살기 원하지.
드라마는 단지 대리만족의 수단일 뿐 아닐까.

노우환 2014년 7월 8일 오후 10:56
쉬운 것보다 어려운 것을 택해야 결과가 좋고,
어려움이 있어야 느끼는 감동도 당연 큰 거지.
이 세상이 모두 쉽고 쉽게만 생각하고 뻐틴다면
아마 몇 세대를 못 거치고 멸망의 길로 달려갈 듯~

박종선 2014년 7월 9일 오전 07:05
꿈이 과하면 욕심이 된다는 걸 난 아직도 잘 모르는 것 같아.
참 착각도 너무 심각한 거?
드라마틱한 인생을 살라하기 보다는
혹 고난 역경이 닥치더라도 기꺼이 맞서서 극복하라는 뜻.

장석자 2014년 7월 12일 오전 10:06
하하하 난 내가 주인공이구나
무대는 내가 발 닿는 모든 곳이 무대다
드라마 속 작은 무대를 만들어 놓구 남에 인생 이야기 보여주는 것보다
나를 위한 무대를 끝도 없이 만들어 주신 분 너무 감사하구 행복하다.
나를 위해 액스트라두 준비해 있구 모든 도구며
하늘 땅 바다 자연 인공 등등 우리는 모두 인생에 주인공이지.

하지만 주인공이 역할을 재밌게 못하면 드라마는 시시해서 시청률 꽝.
그래서 열심히 산다. 너는 나를 빛내 주시는 훌륭한 분.
우리 최선을 다하면 드라마는 재밌당~~~!^^♥

sarah kim 2014년 7월 13일 오후 10:32
책을 쓴다는 거 대단한 일이라고 생각해.
인생 굴곡의 마침표인 듯.
내 마음을 대중에게 전달시킬 수 있는 표현능력이야말로 최고의 재능.
친구야~!!
생활 속에서 순간순간 감동받고 싶어 어느 정도
마음을 비우고 산다..ㅎㅎ
그래야 감동이라는 녀석이 들어올 수 있거든.

박종선 2014년 7월 15일 오전 06:55
최소한 방치하진 말아야 해.
내가 주인공인 내 삶을 마치 남의 인생인 것처럼 방치하는 것은,
그래서 종당은 스스로 포기하는 것은 도저히 용납될 수 없는 일이야.
그치?
왜냐하면 내가 주인공인 내 인생 드라마에도 수많은 조연과 엑스트라들이 날 위해 제각기 제 역할을 다하려고 최선을 다하고 있기 때문이지.
그들 중 어느 한 사람이라도 날 포기하지 않는 한
난 최선을 다해 주인공 역할을 해야지 않을까?

아니에요. 실수해도 됩니다.

2021 04 08

남들도 다 실수를 하거든요.
혹 실수를 하지 않는 사람이 있다면
그가 완벽하거나 성인군자이기 때문이 아니라
매우 소심한 겁쟁이일 가능성이 높아요.
너무 규범적이어서
답답하고 재미없는 사람.
그래서 친해지기 어려운 사람일 거예요.
하물며 친구에게조차 실수하지 않으려
속내를 털어놓지 못한다면
그를 절친이라고 할 수 있나요?

다만 해서는 안 되는 실수도 있습니다.
남들에게 큰 피해를 주는 실수.
범죄에 해당하는 용서받지 못할 실수.
회복이 불가능한 어이없는 실수.
요런 정도의 실수나 실패가 아니라면,
특히 그 상대가 친구라면
실수를 두려워할 까닭이 없습니다.

물론 실수와 사과는 동전의 앞뒤처럼
붙어 다녀야 합니다.

잘못했다 싶으면 진심으로 사과하고
똑같은 실수를 반복하지 않으면
되지 않을까요?

질경이를 닮은 친구에게

2021 08 23

모진 틈서리에 뿌리를 박고
절박하게 살았다.

자갈밭 흙먼지를 무릅쓰고
끈질기게 싹을 틔워
쨍 볕 아래 잎을 펼쳤다.

비바람에 허리가 꺾이고
얄궂은 헛발질에 잎새가 짓밟혀도
환경이나 형편을 탓하지 않았다

기어이 꽃을 피워 늦둥이 씨알 매달았건만
태풍 장마 몰아치네
가난 병마 달려드네.

외진 길가 질경이를 닮은 내 친구야.
질끈질끈 견뎌내거라.
질겅질겅 병마를 씹어 삼켜라.
모질게 다시 일어나거라.
질경이처럼.

잉크와 만년필, 그리고

2018 09 08

냄새가 가장 오래 남는 기억이라는 거 아시지요?
책상에 엎드려
펜맨쉽 23페이지를 쓸 때
짝꿍이었던 동팔이가 잉크병을 툭!

으~악, 멘붕!
바닥에 떨어진 빠이롯뜨 잉크 병이 박살났어여.

"클랐다. 엄만테 새 잉크를 사달래려면
적어도 석 달은 지나야 할 텐데."

모처럼 비싼 잉크 샀더니만.
싸구려 짝꿍 거는 잉크 냄새가 달랐어요.
하는 수 없이 몇 달 함께 썼지요. 뭐.

이 향긋한 잉크 냄새를 얼마 만에 맡아 보는지.
빠이롯뜨 잉크 그리고
독일 프랑크푸르트 면세점에서 산
파버카스텔 만년필.

울집 아깽이의 호기심에 빠이롯뜨 또 박살날 뻔.

SA비나♥이다

아~~~진짜 옛날 생각나게 하네

가슴속 아련함이 뭉게뭉게 피어오르는 가운데

삶의 전쟁터로 나서는 상반된 마음과 몸.

만년필 하나 장만하고픈 출근길~~

박종선

난 눈물 찔끔. 확 가버린 세월이 너무너무 안타까워서.

잉크를 한 병씩 선물할까?

최성초

어찌 세월을 안타깝다하남유

세월 속에 내 인생이 그대로 묻어있거늘~

복순이 집에 오실 때 잉크 한 병 꼭 부탁해용.^.^~

고진수

아쉽다 지나간 순간들 하나하나

박종선

빠이롯뜨 잉크는 좀 비싸고 글씨 색깔이 참 좋았었지.

그래서 당시 국산 잉크와 냄새가 달랐었지.

더 향긋했다고나 할까?

난 이 잉크 냄새가 참 좋아.

건도결,

이게 있으면 누구에게가
편지를 쓰고 싶어 지지요.

아빠가 끓여 준 보리차를 마시며
아침 창가에서
"고마운 사람들"에게
정성스럽게 문장해 보내고
싶어진 답니다.

학창시절에 그랬던 것처럼
진한 잉크냄새를 맡으면서
내 멋진(?) 서명을 첨가해서
누군가에게 선물을
보내고 싶어진 답니다.

박 OO 2016. 5. 13.

추억의 징검다리

2019 07 24

고등학교를 졸업하던 해 겨울 방학이 시작되던 날.
마지막 수업을 마친 친구들이 읍내 중식당으로 몰려가
자장면을 나눠 먹었다.
근처 아리랑 사진관에 가서 교복을 입은 채 단체 사진을 찍었다.
내가 소속한 첫 친목 모임 향지회가 결성된 날이다.

친구들은 향지회란 간판 아래 한 삼사 년 끈끈한 우정을 나누었으나
군대로 대학으로 직장으로 흩어지면서 모임은 명맥만 유지한 채
10여 년 표류했다.
나 역시 직장을 그만두고 대학으로 역류해 어수선한 청년기를 보내다
보니 친구들과 소원해 졌다.
결혼해 가정을 꾸리고 직업을 갖거나 사업을 일궈야 했던 장년기.
모두가 일에 몰두할 때 나는 문득 징검다리를 놓아야 한다고 생각했다.
우정의 끈을 연결할 어떤 사건을 만들어야 한다고 생각했다.
이른바 추억의 징검다리.
우정도 추억도 징검다리가 끊기면 누군가 신발을 벗고 물에 들어가
그 징검다리를 이어 놓아야 한다고 생각했다.
마침 나는 케이블방송에 PD가 되어 여행다큐멘터리를 만들고 있었다.

2003년 1월 23일.
한동안 소원했던 친구들을 모아 강원도 화천의 두메산골로

여행을 떠났다.
서오지리에 건넌들 마을.
눈 덮힌 강변 산비탈에 대여섯 농가가 얹혀있는 산촌에서
마을 반장님의 넉넉한 인정에 취해 하룻밤을 잤다.
그리고 이웃 마을 오탄리 우레골에 가서
눈썰매타는 아이들과 손두부 짓는 할머니를 만났다.
그 여정은 고스란히 내 테입에 영상으로 기록됐고
그 겨울 한 케이블방송에 전파를 탔다.

그리고 또 10여 년의 세월이 흘렀다.
2012년 겨울, 친구에게서 뜬금없는 전화를 받았다.
"수십 년 뒤 자장면 집에서 다시 만나자 했던 약속을 잊지 않았지?
다음 달이면 우리가 그 약속을 한 지 35주 년이 되는데."
달포쯤 지나 춘천의 한 강변 호텔에 친구들이 다시 모였다.
까까머리 교복 친구들이 흰머리에 주름 계급장을 달고 나타났던 것.
맘속에 묶어뒀던 이야기들이 봇물처럼 터졌다.
모내기를 앞둔 논 물가에 청개구리들 마냥
와글와글 박장대소, 날 새는 줄 몰랐다.
소양강변에 라데나 콘도.
그날 밤 벌어진 일은 아주 든든한 추억의 징검다리가 되었다.

청솔 친구들과 횡성 춘천에 다녀온 뒤
2024 06 24

평온한 일상 편안한 제자리.
내 하루는 보통 새벽 5시쯤 시작된다.
물을 마시고 창가에 서성대며
10여 분 짧은 독서를 마친 뒤 책상에 앉는다.
그날 해야 할 중요한 일, 대개는 다큐멘터리 제작 계획을 짜거나
시나리오 구성안을 작성하는 등 머리를 써야 하는 일들이다.
그럴 일이 없으면 그냥 하고 싶었던 일,
숙제처럼 밀렸던 일을 해치운다.
하루 중에서 가장 요긴하게 쓰는 내 시간인 셈이다.
아침을 먹고 운동복 차림으로 집을 나서면 대략 7시 반.
2km쯤 달려야 논현중앙공원 작은 마당에 도착하는데
매일매일 조금씩 바뀌는 공원의 모습이 나는 참 좋다.
마당 가 벤치의 마로니에 그늘에 앉으며 이어폰을 벗는다.
행복지수가 가장 높아지는 순간.
핸드폰 메모장이 여간 고마운 게 아니다.
책상이 아닌 공원 벤치에서 아침 일기를 쓰는 것이다.
마을 사람들 서넛이 운동기구에 매달려 툭툭 쇳소리를 내지만
마당에선 늘 새소리를 들을 수 있다.
까막까치 울고 비둘기 구구대며 꾀꼬리가 재잘거린다.
방금 벤치 뒤꼍 개망초 풀더미에서 참개구리가 울었다.

지난 주말 청솔 친구들과 여름 소풍을 다녀왔다.

간간이 비가 뿌리는 가운데 횡성호수 둘레길을 돌아
소문난 횟집에 나란히 앉았다.
전망 좋은 2층 독방이 50년 지기 친구들을 반겼다.
소양호 물안개가 마치 한 폭의 수채화처럼 횟집 창틀에 걸렸고
친구들은 송어회를 맛있게 먹었다.
술기운이 달아오르자 가평에 자장면 집과 강촌역 그릴,
충무로 중앙시장 등 온갖 추억담이 술안주로 올랐다.
내가 얼른 용기를 내어 건배 시를 읊었다.
친구들이 차례차례 청솔들에게 들려주고 싶은 이야기를 토해냈다.
가정사에 얽힌 애환, 늙는 것에 대한 염려 등
진솔하고 깊이 있는 고백이 이어졌다.
나는 60대 노부부 이야기를 청솔 친구들의 이야기로 바꿔
즉흥적으로 노래했다.
분위기가 착 가라앉았다.
"언제 죽어도 이상하지 않은 나이가 되었으니
현실에 만족하며 행복하게 잘 살자.
7080 건강한 청솔들을 위하여!"

이튿날 소양호 파크골프장에 친구들이 골프채를 들고 나란히 섰다.
공도 크고 구멍도 넓지만 깃발은 가깝다.
9홀을 도는 동안 파크골프의 요령을 금방 익혔다.
골프에 가졌던 내 부정적 인식이 사라졌다.
암튼 친구들과 라운딩 하며 행복한 시간을 보냈다.

난 이제 다리 근력 운동을 한 뒤 집으로 다시 뛰어가
샤워하고 책상에 앉아 커피를 한 잔 마실 것이다.

그러고는 새로운 날의 평온한 일상을 즐길 요량이다.

제6장 내 맘속에 반짝이는 늘 푸른 친구

난 그냥 내가 좋다
2024 08 02

세상 사람들은 나를 있는 그대로 봐주지 않았다.
심지어는 학창 시절의 친구들까지도
박 PD, 박 교수라 부르며 허울을 씌웠다.
사실 피디입네 교수입네 하는 것들은
직장 사회, 익명 사회에서나 잠시 필요한 직분일 뿐이다.
방송제작 현장이나 대학교 안에서 만나는 사람들이
박 PD, 박 교수라고 부르는 거야 당연하다 하겠지만
친구들에게 난 그냥 종선이로 불리는 게 좋다.

울 아버지 종선 씨.
마음씨 좋은 이웃 아저씨, 박씨.
굳이 조금 더 보태자면
"아, 사진 찍고 노래 부르기 좋아하는 사람" 정도면 충분하다.

이미 그만둔 교수 PD 직함으로 아직도 날 부르는 사람들.
혹시 뭐 그렇게 불러야만 쉽게 대화가 풀리는
또 다른 사람이 함께 있다면 모를까.
난 그냥 박종선으로 불리는 게 좋다.
우대받기도, 우쭐대고 싶지도 않다.
나이 학력 직함 등으로
주변과 구분 짓거나 차별하면서 은연중 특권을 누리고 싶지 않다.

그리고 이웃 친지들도 처음 만났던 그때처럼 불러주고 싶다.
친구로 만났으면 친구처럼,
직장 동료로 만났으면 그 당시 직함으로.

어쩌면 나를 본래의 나로 봐 줄 사람은
내 어릴 적 친구들밖에 없으리라.
영가리 소꿉친구들과 상색 초등친구들.
그리고 가평 가이사 교복 친구들.
그 친구들만이 박종선을 있는 그대로,
내 삶을 통째로 알기 때문이다.

책갈피에서 꺼낸 사진

2017 03 17

남는 것은 사진뿐이다.
내방 책장에서 사무실로 옮기려고 꺼낸 낡은 책들.
옛 기억을 더듬으며 책장을 넘기던 중
우연히 발견한 40여 년 전의 사진.

금성통신 기간사원 양성소(GSTVTI)
GoldSter Telecommunication Vocational Training Instistute.
점호를 마치고 거기 기숙사 복도에
함께 서 있었던 친구들.
어느 하늘 아래 잘들 살고 있겠지.
그중에 몇몇은 여전히 가끔 만나
술 한잔 나눌 수 있으니
우리 우정도 이젠 시금털털하다 할 것이네.

보고 싶다.
마주 보며 실컷 웃고 싶다.

누구에겐가 보낸 이메일

2012 12 15

늑대가 나타났다아~
늑대가...

저 때문에 본의 아니게 거짓말쟁이 양치기가 되셨다니 안타깝네요.
너~무 바빴어요.
지금도 여전히 바쁘지만.
하지만 위기국면에선 벗어난 것 같아요.
이렇게 메일을 드리는 게 그걸 입증하고 있잖습니까.
오늘 하룻밤만 잘 보내면
다음 주 월요일 오후부턴
요 몇 달 지옥 같았던 일의 굴레에서 벗어나게 됩니다.

윤 매니저님.
오늘로 저는 올해 중 가장 바쁘고 버거웠던 한 주일을
무사히 넘기게 됩니다.
자그마치 5가지 직분과
그에 따라붙은 갖가지 일들이 한꺼번에 몰려서
그야말로 숨 쉴 겨를조차 없었던 12월 둘째 주.
그게 오늘로 끝나는 셈입니다.

은근히 저를 옥죄어 왔던 밀린 과제들.

다음 주엔 그동안 미뤄두었던 작은 과제들을
몽땅 해치울 겁니다.
그리고 나서는 친구들 불러서 막걸리 한 잔 허고
연말연시 가족여행도 다녀오고.

첨부한 동영상을 보시면서
매니저님 가족들이 잠깐이라도 마음이 푸근해 지면 좋겠어요.
저도 오늘 5일 만에 집에 들어갑니다.
아마도 새벽 2시쯤이 되겠습니다만.
아내와 딸들이 보고 싶습니다.

두 시간 정도라도 일이 앞당겨 끝나면
매운 닭발에다 막걸리 한 병, 그리고 맥주 두 병을 사가지고 들어가서
가족들과 나눠 마시고 싶습니다.
매니저님, 힘 내십시오.

박형규 12.12.15 19:59
많이 바빴구나!!
잘 해결되었다니 다행이구!!
화이팅을 보낸다!! 아자 아자!! ^^

최성민 12.12.16 08:43
수고했다. 이제여유가지고 조은시간보내거라

김미춘 12.12.17 09:55
종선아 수고 많았다
그래도 지금부터라도 즐거운 시간 보내렴
내용상 오늘 월요일 아침이니까 올해의 시간 하고의 전쟁은 끝난 거
겠구먼 ㅋㅋㅋ

박종선 12.12.19 11:31
오늘 저녁에 막걸리 한 잔 할까? 성민아 미춘아.
물론 투표는 마치고.

김미춘 12.12.19 13:12
어디서 볼까

박종선 12.12.19 18:20
지금 이수역…사당역 5번 출구로 만나러 가는 중.

막걸리 친구

2022 11 20

오색찬란하게 분칠한 밀실보다
왁자지껄한 시장 바닥이 더 좋다.
두부김치에 묵 한 사발 곁들이는
허름한 선술집이 내겐 더 어울린다.

화려하고 재빠르게 흐르는 달콤한 시간보다
더듬더듬 느릿하게 흐르는 텁텁한 시간이
나는 훨씬 더 좋다.
한 잔을 마시면 한 뼘 취하고
또 한 잔을 마시면 한 걸음만 취해서
빈속을 가득 채웠지만 마음은 오히려 헐렁해지는
희멀건 막걸리가 나는 좋다.

주전자를 두 개쯤 비워
세상 시름이 다 찌그러지면
막잔을 두 번 세 번 부딪치며
그래 니캉내캉 하늘까지 함께 가자며 어깨 두르는
막걸리 친구가 나는 좋다.

친구 성민이가 내게 쓴 글
2012 08 16

친구와의 한 잔.
지난 금요일 오후 늦게 비가 온다는 뉴스가 있어서
막걸리 한잔이 생각났다네.
차일피일 미루다 종선이와 연락이 닿았는데
경동시장에서 좋은 장면을 찍으려고 하는데 화면이 안 나온다네.
그래서 막걸리 한잔하기 위해
종선이와 당산역 전주막걸리 집에서 만나서 좋은 시간을 보냈다네.
그동안의 어려웠던 일,
아직도 해결되지 않은 당면한 일에 대해서
속 깊은 얘기를 나누고 나니
맘이 한결 후련해졌다네.
내가 어려운 상황을 터놓고 얘기할 수 있는 친구가
곁에 있다는 게 너무 좋았어.
그날따라 종선이도 막걸리를 꽤 많이 마시더군.

종선아 3시간여의 나의 투정을 경청해 줘서 고마웠다.
너의 충고 잊지 않고 열심히 활동하마.
그리고 담에는 광명시장에서 만나서
내가 술값 낼 수 있는 기회를 주길 바란다.
네가 내 옆에 있다는 게 너무 고맙고 행복했다.

*최성민은 2013년 7월 23일 홀연 하늘나라로 가버렸다.

함안 군북에 다시 가다

2016 06 01

마산시 합성동에서 KT(한국통신) 대리점을 촬영했다.
KBN이라는 KT 그룹 사내방송에 납품할
15분 물 휴먼 다큐멘터리를 제작하기 위한 것.
저녁 7시쯤 촬영을 끝내고 마산역으로 갔다.
내일 오후에 예정된 추가 촬영이 있으니 군북에 가서 하룻밤 자고
다시 마산으로 돌아올 요량이다.
경전선 열차를 타고 중리역과 함안을 지나면 군북이다.
어둑어둑해질 무렵 군북역에 내렸다.
군북중학교를 향해 무작정 걸었다.

군북은 창원과 진주의 중간쯤에 있는 마산의 서쪽 면 소재지다.
40여 년 전, 금성통신이라는 회사에서 합숙교육을 받던 해 겨울.
나는 당시 교육생들 서넛과 여기 군북에 다녀간 적이 있다.
겨울방학을 맞아 처음으로 남도 유람에 나섰는데
당시 함께 교육을 받던 동기생들의 고향 집을 방문하는 여정이었다.
삼랑진과 부산에서 이틀 밤을 보내고
이곳 친구 집에 와서 사흘째 밤을 지새웠다.
그때 역시 깜깜한 밤중에 도착했는데
어머님이 문밖에 마중을 나와 아들 친구들을 반겨주셨다.

"먼 길 오니라 욕보셨네. 우리 아들 덜."

어머니는 목소리가 굵고 외모도 내 어머니와는 사뭇 달랐다.
친구 택수가 어머니를 닮아 체격이 좋구나 하는 생각을 했다.

"아니요 어머님, 저녁은 부산에서 먹고 왔습니다."
우리가 마당에 들어서자마자 부엌으로 향하는 등 뒤로
친구들이 합창을 했다.

잠시 후, 어머니는 소쿠리를 들고 방문을 여시면서
"귀한 손님들이 왔는데 마땅히 줄 게 없네."라고 하셨다.
소쿠리엔 빨간 홍시가 가득 담겨 있었는데
나는 그날 세상에서 가장 맛있는 감을 먹었다.
제사상에나 오르던 작은 감이 아니라 큼지막한 대봉감이
반은 언 상태로 눈앞에 번들거렸던 것.
그렇게 굵고 탐스러운 감이 있다는 걸 그날 처음 알았는데
얼음이 버적버적 씹히는 그 달콤한 맛을 잊을 수가 없다.

논물에서 청개구리들이 요란하게 운다.
낮에 모를 냈는지 덤벙거리는 청개구리들이 달빛에 어른거린다.
어머님 생각에서 퍼뜩 깨어났다.
저 멀리 도회지 불빛을 등진 채 개구리 소리에 발을 맞춰
터덜터덜 걷는다. 참 좋다 이런 시골 밤의 정취가.
친구 택수에게 전화를 걸었다.
어머님은 이미 20여 년 전에 돌아가셨고
고향 집도 군부대에 내어 주고 다른 마을로 옮겼다는 것이다.
내 어머님처럼 가난하고 다정하셨기에

택수 어머님에 대한 기억이 남달랐는데.

덕대리 논배미에 맞닿은 모텔에다 여장을 풀었다.
개구리 소리나 들으면서 잠을 청해볼 참이다.
막걸리 한 잔 마시며 아내에게 전화했다.

"아침에 여기 마을 산책하고 군북중학교에나 가보려고."
"혼자 갔어? 외롭겠다."

난 감이 좋다

2024 12 04

무성한 잎새들 그늘에 숨어 피는
노오란 감꽃이 참 이쁘다.

뙤약볕과 태풍 장마를 잘 견뎌낸 나뭇가지가
서리 맞고 시든 감잎을 다 털어 내야
마침내 떫은맛을 말캉하게 녹여
달착지근하게 영그는 홍시.
가을볕이 맑은 아침 도랑 물가에서
바알갛게 익어가는 감이 나는 좋다.

손주 기다리는 할메의 주름진 손에 닦여
항아리에 차곡차곡 담길 때도,
고향집 툇마루 처마에 줄줄이 매달려
초겨울 쪽볕에 꼬들거리며 마를 때도,
밤새 눈 내린 들판에서 눈모자를 쓴 채
까치밥으로 언 살을 내어줄 때도
난 정겹고 때깔 곱게 늙어가는
영감이 참 좋다.

더듬더듬 충무로 뒷골목을 훑다
2021 08 18

골뱅이에다 생맥주를 마실까?
해물파전에다 막걸리를 마실까?
행복한 고민에 휩싸여
명동에서 충무로로 걷는다.

더듬거릴 만한 추억이 아직 남아 있을까?
술이 절반쯤 취하면
40여 년 전으로 되돌아가
추억담이 봇물처럼 쏟아지겠지.
여기저기 이집 저집 기웃거리다 보면
저 골목 끄트머리에서 문득
반가운 얼굴이 나타날지도 몰라.

명보극장 앞에서
병호와 정해를 만났다.

마스크 쓰고 명보극장에 다시 가봤더니

2021. 7. 13.

참 세월이 빠릅니다.
올해 초 날이 춥고 눈이 꽤 많이 내렸습니다.
겨울이 겨울다워졌다며
코로나 전염병이 곧 사그라들 거라고 기대했었죠.
그런데 지금 7월 중순.
또다시 코로나가 극성을 부린답니다.
백신 접종이 늘어나면서 코로나의 위세가
한풀 꺾이는가 싶었는데 말입니다.

스무 살 무렵, 명동인가 충무로인가에서
〈러브스토리〉라는 영화를 보았습니다.
명보극장이었는지 중앙극장이었는지 아무튼
영화를 보고 나서 한동안 열병을 앓았던
기억이 되살아납니다.
그러고는 눈이 올 때마다
그 노래가 귓가에 맴돌았지요.
라이언 오닐과 알리 맥그로가 눈밭에 뒹굴던
모습과 함께 말입니다.

충무로 3가 극동빌딩에 제가 다니던 직장이 있었는데
거기서 명동 아니면 퇴계로, 종로 광화문 쪽으로

친구들과 몰려다니며 청춘을 소비했었지요.
사실 직장 일은 별 재미가 없었고
퇴근 무렵 친구들에게 걸려 오는 전화가
가장 반가웠던 시절이었다 고백합니다.
남산 아래 신당동에 자취방을 마련하고
아침 운동을 시작한 것도 그 즈음이었지요.

친구와 함께 참 오랜만에 명보극장에 들렀습니다.
리모델링해서 외관은 낯설지만
극장 안으로 들어서자 옛 모습이 간간이 눈에 띕니다.
헐리지 않은 게 정말 다행입니다.
최신 영화를 상영하는 개봉관이 아니라
추억의 옛 영화를 틀어 주며
영화 마니아, 특히 중노년층을 불러들여
명맥을 유지하고 있답니다.
그나마도 코로나가 유행하면서 문을 열었다 닫았다
'운영하기 참 힘들다'는 카페지기의 말을 들었습니다.

이렇게 세월이 빠른 줄 몰랐습니다.
군대에 갔다 오고 대학을 졸업하고 다시 직장을 얻고
그야말로 정신없이 이삼십 년 후다닥 가버리고
어느새 정년 환갑.

아침에 일어나 깜짝 놀랄 때가 있지요.
이게 현실인가?

도대체 어느 해의 여름날이란 말인가?
제 머릿속에 각인돼있는 해는 2000년.
"40대에 나는 어떤 모습으로 어떤 자리에 앉아 있을까?"
라는 의문 때문에 2000년을 기다렸었는데
2000년이 지나고 또 20여 년이 훌쩍 가버렸습니다.
환갑 여행을 다녀온 것도 벌써 몇 년 전의 일이 돼버렸고
올해도 절반은 이미 지났습니다.

시간의 가치가 눈덩이처럼 불어났지요.
건강하게 살 수 있는 시간이 얼마나 남아 있을까?
한때는 시간을 온통 돈을 버는 데 썼지만
이제는 돈을 투자해 시간을 확보해야 하는
처지가 되었습니다.
하루하루 건강하게 행복하게
시간을 차곡차곡 채워 보내야 하지 않을까?

눈 내린 마을

2014 01 20

하얗다.
온 마을이 하늘을 향해
두 팔을 벌리고 누워버린다.

할머니가 지나간 소나무 그늘은
동양화가 되고
차들이 여럿 달려간 한길은
연하장처럼 바뀌었다.

눈길 걱정을 앞세우진 말자.

장영숙 2014년 1월 20일 오후 09:39
온 세상이 하얀 도화지 위에
그림을 그린 듯이 온 세상이 예뻤다.
그중에 종선이가 찍어놓은 평범한 일상에 모습들이
어쩜 큰 작품같이 우리 맘을 설레게까지 한다.
모두들 편안하게 퇴근들 했겠지

성정해 2014년 1월 20일 오후 09:46
그림 같다. 카메라맨은 역시 다르다.

민병숙 2014년 1월 21일 오전 11:34
신년 연하장을 받은 기분이다.
사진도 글도 모두 짱이다!!!^^

환갑 고개를 넘어 서산마루에 올라서며
2021 03 18

코로나 전염병 때문에 바깥 출입이 쉽지 않았던
2021년의 1월과 2월.
엎어진 김에 쉬어 간다는 심정으로
나는 자신을 점검하고 정리하는 시간을 가졌다.
지금 나는 어디에 서 있고
건강과 자산 상태는 어떠한가?
내 재능과 자산으로 어떤 노년을 살아야
내 삶을 행복하게 마무리를 할 수 있을까?
현미경 들여다보듯 자세히 파악한 것도 있지만
그냥 어렴풋이 큰 가닥만 잡은 것도 있다.

친구에 대한 생각을 정리한 것도 그중에 하나다.
다행히 나는 40대 중반부터 친구들의 모임을 꾸준히
사진과 영상으로 기록해 왔는데
이번에 그 사진과 영상 클립을 모두 모아
연도별 주제별로 구분해 하드디스크(HDD)에 저장했다.
3만여 장의 사진 중에서 3백 장을 추려
20분 길이의 동영상으로 만들었는데 열흘 정도 걸렸다.
한 컷 한 컷 골라 이미지 크기를 조정하고
영상 스토리에 맞춰 사진을 배열하고
친구들이 좋아할 만한 배경음악을 깔았다.

그러면서 내가 정말 좋아하는 친구가 누구인지
노년까지 건강하게 함께 할 친구가 누구인지
또렷하게 보이기 시작했다.
내가 촬영한 사진에 가장 많이 등장하는 친구가
앞으로도 자주 사진 찍힐 것이다.
스마트폰의 출현으로 내 촬영 의지가 좀 약해졌지만
여든 살까지는 기록을 멈추지 않을 것이다.

"우린 늙어가는 것이 아니라 조금씩 익어가는 거야!"
이따금 늙는 것에 대해 푸념을 늘어놓으면
친구들이 내게 들려주는 위로의 말이다.

"맞아, 늙는다는 것은 풀꽃이나 나무처럼
열매를 맺고 그것을 익혀가는 과정일 것이야.
이왕이면 맛있고 때깔 곱게 익었으면 좋겠어.
단지 죽을 때만 기다리며 맹탕으로 늙어가긴 싫어."

멋지고 달착지근하게 익으려면
어떻게 늙어야 하는가?

내가 생각하는 맛있게 잘 익은 사람이란
진솔하고 차별이 없는 사람이다.
성별 나이 학력 재력 같은 것으로
어느 누구도 차별하지 않는 솔직 담백한 노인.
몸이 건강하고 마음이 촉촉해서

늘 푸른 꿈을 지닌 사람이었으면 좋겠다.
주변과 쉽게 소통하고 공감하며
열 살, 서른 살 어린 친구들과도 스스럼없이
어우러지는 노인이길 기대한다.

"추사가 그린 세한도처럼 어느 작은 골짜기에 초막집을 짓고
안데르센의 동화 같이 살고 싶어.
다래 넝쿨로 지붕을 삼고 머루 송이 향긋한 대문을 달고
2km쯤은 오솔길을 내서 사시사철 꽃이 피게 할 거야.
반 칸짜리 부엌엔 술독을 들여 막걸리 익히고
빈 대문 바라보다 요행히 친구가 찾아오면
절반쯤 취해 잠들면 좋겠어."
나무가 온몸으로 자양분을 빨아들여
마지막 한 줄기 햇살까지 광합성해 열매를 익히듯
나도 이제 내가 가진 모든 능력을 총동원해서 결과물을 만들고
그 열매를 맛있게 익혀야 한다.
잎새를 다 떨구고도 늦가을 서리마저 기꺼워하며
가지 끝에 홍시를 발갛게 익히는 감나무처럼.

책으로 남기던 영상 기록으로 남기던,
아님 새로운 영역의 발자취로 남기던
나의 노년은 열매를 맺는 시절이었으면 좋겠다.
달큰하게 잘 익은 열매를 주렁주렁 매달고
해 떨어지는 큰 바다에 도착하길 간절히 소망한다.

나는 황홀한 저녁놀이 되고 싶다

2021 09 06

수평선 아래로 사라지는 태양과
그 맞은편 하늘에서 붉게 물드는 노을.
서로 마주 보며 태양은 노을을 비추고
노을은 태양 빛으로 자신을 물들인 채 세상을 비춘다.

태양과 노을이 잘 어우러질수록 황혼이 아름답다.
태양은 너무 강렬해서
수평선 아래로 떨어진 후에도 한참을 더 반짝이고
노을은 아주 느릿하게 어둠 속으로 사라진다.

먼저 이 세상을 등지는 태양 같은 친구에게 나는
그를 끝까지 지켜보며 응원하는 노을이고 싶다.
내가 태양이 되어 먼저 서산에 질 때
노을처럼 나를 배웅하는 친구에게는
그가 늦게까지 고운 빛을 낼 수 있도록
마지막 한줄기까지 수평선 위로 내 빛을 쏘아 올리고 싶다.
세상에 남은 수많은 사람이
별처럼 반짝이며 밤새도록 응원할 수 있게
나의 황혼이 감동적이었으면 좋겠다.

황혼에 접어든 나는
누구를 위해 지는 해가 되고
누구와 함께 저녁놀이 되어야 하는가?

절친을 동반한 행복 여행
2023 10 22

고조선 다큐멘터리를 제작하면서 나는
누구든 현장에 동행하기를 바랐다.
우선은 지난해 자연의 소리를 녹음할 때처럼 아내를 동반했다.
제주도 성산 일대 오름 답사에 현정과 함께했고
김제 평야와 변산반도, 홍성과 당진, 무주 구천동에
아내가 함께 다녀왔다.
천지연 폭포에 비껴든 저녁 햇살, 채석강 유채꽃밭에 들리던 파도 소리,
대호 방조제에서 마주친 황홀경 등 소중한 순간을 즐겼다.

절친과 단둘이서 제법 긴 여행을 함께한 것도
내가 올해 저지른 일 중에 아주 보람된 일이다.
5월 2일, 9시 50분 인천종합터미널에서 청주행 고속버스에 올랐다.
친구 이용근을 만나 충주 부여 진주 부산을 차례로 돌며
한반도에 남아 있는 선사 유적들을 둘러 보기로 했기 때문이다.
늘 그랬듯 친구는 벌써 터미널 하차장에 나와 나를 반겼다.
친구의 승용차를 타고 우선 부여 송국리 유적을 답사했다.
야트막한 구릉지에 움집이 두 채 있고 발굴터와 박물관이 있는
초기 청동기 시대 유적.
카메라 감독과 함께 왔을 때 무엇을 어떻게 촬영할지 구상했다.
진주 남강변에 대평리 유적은 제법 넓게 조성된 흔적 모둠 터.
폐장 시간에 쫓겨 자세히 돌아볼 여유를 갖지 못한 게 못내 아쉽다.

이튿날 답사할 부산에 숙박하려 하자 용근이 양산으로 가자고 제안했다.
그곳에 산다는 박영원을 만나 저녁을 같이 먹고
오랜만에 회포도 풀자는 것.
고등학교를 졸업하자마자 우린
경기도 안양의 전자제품 생산공장에서 직업 훈련생으로 만났다.
13개월 동안 합숙하며 회사가 필요로 하는 지식과 기능을 배웠었다.
두 시간쯤 달려서 양산에 갔다.
20년 만에 만난 회포를 근처 해장국집에서 거나하게 풀었다.
다음날 부산대학교 박물관에 들렀으나 공사 중이라 그냥 발길을
돌려야 했고 동삼동 패총유적지를 답사하고 태종대에 들렀다.
소나무 가지에 부딪히는 바람 소리를 들으며 느릿하게 산책한 두 시간.
참 요긴한 대화를 나눴다.

강화도 마니산엔 이선주가 함께 올랐다.
참성단에서 열리는 개천대제를 촬영하러 가기 이틀 전.
"그럼 카메라를 메고 마니산 꼭대기에 올라가야 하는 거냐?"
친구는 강화도에 함께 가자는 내 제의를 흔쾌히 수락했다.
마침 추석 연휴 끝물이라 무엇을 해야 할지 고민 중이었다는 것.
10월 2일 오후 대곡역에서 만나 캐스퍼 승용차에 등짐을 싣고
그 조수석에 앉았다.
강화도 북부의 부근리에 세계문화유산인 고인돌이 있다.
하늘을 배경으로 고인돌 아래 카메라를 설치했다.
15초마다 한 컷씩 모두 360컷을 찍는 이른바 타임랩스 촬영.
삼각대에 카메라를 고정시키고
메뉴선택 다이얼을 조정한 뒤 셔터를 눌렀다.
4컷에 1분, 40컷에 10분, 360컷을 찍으려면 90분,

그러니까 시간 반이 걸린다.
하지만 편집할 때는 그 360컷을 1초당 30컷씩 붙여서
전체를 12초에 보여 주려는 구상이다.
즉, 고인돌 아래로 해가 지고 저녁놀이 물들고 어둠이 내리는
90여 분을 12초로 압축해 보여 주면
고인돌에 스쳐 간 오랜 세월을 표현할 수 있으리라 생각했다.
카메라가 스스로 촬영하는 시간.
우린 고인돌 주변에 서성대며 한동안 꾹 참아왔던 얘기를 나눴다.
가슴 아픈 사정을 담담하게 털어내던 친구의 모습이 눈에 선하다.
다음날 이른 아침, 안개 자욱한 마니산 능선에 친구와 나란히 올랐다.
친구도 나도 운동을 꾸준히 해왔다지만 시간에 쫓기면서 카메라를 멘 채
가파른 계단을 오르는 것은 예삿일이 아니었다.
선주는 참성단 맞은편에 망원 카메라를 설치했고
나는 드론을 띄워 천제단의 선녀춤을 촬영했다.
계양역에서 작별 인사를 나눌 땐 1박2일이 정말 짧았다는 생각을 했다.

동해안 해돋이 촬영에는 박태형이 동행했다.
느닷없는 내 여행 제안에 기꺼이 생업을 접고 호응했다.
전화를 걸고 일기예보를 살피니 내일 아침 강원 동해안의 날씨가 맑다.
얼른 촬영 배낭을 꾸려 인천 고속버스터미널로 갔다.
하지만 그 이튿날 촬영된 송지호 해돋이 장면에는 해무가 잔뜩 끼었다.
10월 5일 저녁, 친구가 승용차를 운전해 속초 청호동에 왔다.
홀로 속초까지 운전해 와준 것이 고마웠다.
함께한 2박 3일 내내 행복에 겨운 시간이었다.

설악산 권금성에 오르내리며 나눴던 오붓한 얘기,
구름이 가득하긴 했지만 삼척 장호항에서 함께 지켜본 해돋이.
우정을 한껏 부풀린 동행이었다.
특히 여행하는 내내 즉흥적으로 현지 상황에 맞춰 대응하면서도
아무런 불편함이나 거리낌이 없었던 것을 보면
태형과 내가 얼마나 막역한지를 알 수 있다.
권금성에서 내려와 도토리묵으로 점심을 대신할 때도 그랬고
돌아오는 길에 옥계 휴게소에 문득 들린 것도 좋았다.
마치 새하얀 도화지처럼 따뜻한 가을볕이 깔린 탁자에
김이 모락모락 나는 커피를 올려놓고
행복에 겨운 순간이라고 실토를 했다.
서로 고맙다고 했다.

10월 말 고진수와 함께한 청학동 유람은 상대적으로 길었다고나 할까?
순천에 다녀오면서 9시간가량 열차를 탔고,
순천역에서 렌터카로 청학동에 다녀오는 네댓 시간을
승용차 앞 좌석에 나란히 앉아 알토란 같은 대화를 나눴다.
가난하게 보낸 학창시절의 추억담에서부터
문학 철학 역사 이야기에 이르기까지 다양한 얘기를 나눴다.
친구와 그런 얘기를 주고받을 수 있다는 것만으로도 충분히 행복했다.
어디로 가느냐보다 누구와 함께 가느냐가 더 중요하다는 진리를
새삼스럽게 재확인시켜준 여행이었다.
청학동 배달 성전에서 열리는 삼성궁 개천대제를 촬영하러 가는 날.
우리는 청학골 중턱 불지산장에 여장을 풀고
이희재 도인을 식당으로 초대했다.

도인은 이미 서너 차례 삼성궁 취재를 도와주셨던 마을 이장님이다.
상투를 틀고 한복을 차려입은 도인은
국선도와 민족 종교, 도인 수련법에 대해 조근 조근 설명했다.
서서히 취흥이 올라 기분 좋게 잠자리에 들었다.
다음날 용산으로 돌아오는 ktx 객실에서도 진솔한 대화를 했다.
앞으로 하고 싶은 일, 행복했던 기억과 슬펐던 순간,
기록으로 남기고 싶은 것들.
마치 거울 속에 나를 보듯
친구의 모습을 찬찬히 들여다볼 수 있었고
친구도 나에게 두어 걸음 더 다가서게 되지 않았을까?

저 먼 하늘은

2024 02 03

힘겹고 지칠 때
무섭고 두려울 때
외롭고 서글플 때
그리고 누군가 그리울 때
잠시 고개를 들어
저 먼 하늘을 바라봐.

가슴이 후련해지면서
희망이 보일 거야.
왠지 용기가 날 꺼야.

그래.
다시 일어나 뛰면 되는 거야.
지금 이 세상의 중심은
바로 너라는 거.

제7장

내 삶의 도돌이표 활력소
아침 운동

아침 운동은 나를 제자리에 돌려놓는다.
밤샘 편집을 했든 과음을 했든,
아니면 긴 여행에서 돌아왔든,
다음 날 아침 마을 공원을 한 바퀴 돌고 나면
나는 지극히 평온한 일상으로 복귀한다.

아침 운동은 나를
수동 모드에서 자동 모드로 돌려놓는다.
느슨하고 어수선한 저녁과 밤의 일과를
단박에 활력이 넘치는 아침으로 되돌린다.

운동은 으뜸가는 내 삶의 보물이다.

장수천 물가를 달리는 아침

2011 05 16

모처럼 새벽안개 자욱한 장수천 물가를 달렸습니다.
관모산 머리맡에 황금빛 태양이 얼굴을 내밀 즈음
수련관 뒷산에선 꾀꼬리가 노래합니다.

장수천 물가에 초록빛 흥건하고
둑방길 달리는 내 허벅지엔
월요일 시작하는 각오가 울끈불끈 합니다.

인천대공원의 호수가 보일 즈음
곤줄박이 한 마리 나를 앞질러 느티나무에 옮겨 앉으며
"지울찌 지울찌!" 울어댑니다.

아시나요?
해 뜰 무렵에 가장 많은 새들이 노래를 부른다는 사실.
산새들 노랫소리에 발을 맞추어
장수천을 따라 대공원 호숫가를 한 바퀴 돌아서
23분 40초 만에 아파트 현관에 들어섭니다.

운동, 습관을 들이면 수월합니다

2019 07 30

새해에는 매일 운동할 거야.
다이어트로 살을 빼고 체질을 바꿀 거야.

새해 소망을 묻는 설문에서 어김없이
첫 번 혹은 두 번째로 손꼽히는 대답입니다.
그러나 한 시민단체가 조사한 바에 따르면
이 같은 운동 결심을 3개월 이상 실천한 사람은 30%에 못 미치고
작정했던 대로 목표를 달성한 사람은 12%에 불과했답니다.
그만큼 꾸준히 운동하기가 어렵다는 사실이겠지요.
매일 조금씩이라도 일상적으로 운동하는 게 중요합니다.
그 시간이 되면 몸이 근질근질해지도록 운동 습관을 들여야 하는 것.
일단 운동이 습관화되면 그다음부터는 운동을 즐기게 됩니다.
특별한 사정으로 몇 개월 운동을 멈췄다 하더라도
다시 운동하는 일상으로 복귀하는 것은 그다지 어렵지 않습니다.
(일단 운동하고 와서 이어 써야지… ㅎ)

그런데 말입니다.
습관을 들이기 좋은 운동이 따로 있습니다.
언제 어디서나 혼자서도 할 수 있는 운동,
예컨대 둘레길 걷기나 가벼운 뜀박질 같은 것들이지요.
별도의 복장이나 기구가 없어도 아무 데서나 할 수 있고

상대방이나 파트너들과 시간을 맞춰야 할 필요도 없기 때문에
일상적으로 하겠다는 마음만 다지면 됩니다.
그래서 저는 달리기 즉, 조깅을 선택했고
아침에 운동하는 습관을 들였습니다.
하지만 나 혼자 하는 운동은 금방 시들해지거나
지속적으로 자신을 강제하기 어렵습니다.
습관이 들 때까지는 억지로라도 운동을 해야 하는데 말이지요.
시간을 정해 가까운 헬스클럽이나 휘트니스 센터에 가서
근력운동을 하시는 분들도 여러 가지 사정으로 오래 버티지 못하고
회비만 탕진하는 사례를 여럿 봤습니다.
때문에 자신이 좋아하는 운동을, 좋아하는 사람들과 함께 즐기는 것도
운동 습관을 들이는 데 아주 효과적입니다.
어릴 적 혹은 학창시절에 즐겼던 운동이라든지
자신의 취향에 맞는 종목을 우선 선택하시라 권합니다.
마을에서도 직장에서도 운동모임이나 동호회는
어렵지 않게 가입할 수 있습니다.

그럼에도 불구하고 운동에 대한 열정이 시들거나 의지가 약해지는,
이른바 권태기가 찾아올 것입니다.
이럴 때 자신을 독려하고 강제할 수단이 필요합니다.
뚜렷한 목표를 세우는 게 중요합니다.

마라톤 풀코스를 올가을에 완주하겠다.
전국의 100대 명산을 모두 등정하겠다.
동호인 대회에 나가서 메달을 꼭 목에 걸겠다.
이런 가슴 벅찬 목표는 나태해진 자신을

다시 운동하게 만드는 큰 힘이 됩니다.
일단 처음에는 소박한 목표를 세우십시오.
어느 정도 운동하는 습관이 들고 체력이 확보됐다면
그때부턴 남들에게 자랑할 만한 큰 목표를 세우십시오.
40대 중반에 마라톤을 시작한 저는 풀코스를 이미 20회 완주했고
몇 년 뒤 미국 뉴욕에 가서 칠순 마라톤을 완주하는 것이 로망입니다.

은근하게 자신을 강제할 수 있는 수단도 필요합니다.
저는 일과점검표를 통해 아침 운동을 채근합니다.
마치 일기를 쓰듯 매일 일과점검표를 작성하고 잠자리에 드는데요
하루를 15등분해서 시간을 나누고
칸칸이 해당 시간에 했던 주요 일과를
두 글자로 채워 넣은 뒤 바탕색을 칠하는 방식입니다.
한 달 단위의 일정 기록표인 셈이지요.
운동했거나 행복하게 보낸 시간에는 초록색 바탕색을 칠하는데요.
매월 중순쯤 되면 아침나절에 초록색 띠가 생기고
저는 그 초록색 띠가 끊기지 않게 하려고
아침 운동을 거듭하는 것이지요.
형편과 사정에 따라 어느 날은 10분 만 달리기도 하고요,
또 어느 날은 1시간 이상 달리기도 한답니다.
오늘이 마침 월말이어서 7월 일과점검표가 거의 완성됐는데요
그 초록색 띠를 보면서 잠시 흐뭇한 생각에 잠기기도 한답니다.

"오늘 아침에 한 시간 운동하면
내 삶의 저 끝자락에 건강한 하루가 연장된다."

더 이상 금메달이 나오지 않기를

2012 08 02

어젯밤 우리나라 대표 선수들은
런던 올림픽에서 금메달을 세 개나 따냈다.
사격에서 20살 신예 김장미 선수가,
펜싱에서는 김지연 선수가,
그리고 유도에서는 어제 김재범에 이어 오늘 송대남 선수가
쿠바 선수를 누르고 금메달을 목에 걸었다.
특히 송대남 선수는 유도 인생 22년 만에
처음이자 마지막으로 국가대표로 올림픽에 참가,
34살의 나이를 무색하게 할 만큼 강력한 체력으로
승승장구하며 우승했다.
그 모습이 너무 늠름했다.
그리고 애국가와 함께 태극기가 게양되는 장면을 보고 감격했다.

나를 행복하게 해주는 올림픽 금메달은
과연 몇 개 정도가 적당할까?
만약에 올림픽에서 중국이나 미국처럼
금메달을 뭐 5-60 개 따내면 그게 뭔 감동이 있겠어.
혼자서 6-7 개 금메달을 따는 사람도 있다 하니 참.
난 우리나라가 지금처럼만 했으면 좋겠어.
올림픽 때마다 금메달 예닐곱 개, 은메달 뭐 여남은 개,
동메달 열서너 개.

그 정도 수준에서 멈췄으면 해.
아마도 이 수준을 넘어가면 대부분의 국민들이
올림픽 금메달, 그거 뭐 별거 아니네.
그렇게 생각하겠지?

휘둘리지 말고 제 속도를 유지하시라

2015 09 21

사람마다 제 몸에 맞는 달리기 속도
즉, 제 페이스가 있습니다.
선수들은 꾸준한 연습을 통해 그 페이스를
아주 빠른 것으로 끌어 올린 사례이고요.
제 속도보다 빠르게 달리는 것을
오버 페이스라고 하지요.
마라톤 완주를 방해하는 요인 중 하납니다.
아직 절반도 뛰지 않은 초반에 오버 페이스를 하면
마라톤 42km를 완주하기 어려워집니다.
목표지점에 골인하는 보람과 행복감을 맛보려면
제 페이스를 유지하며 꾸준하게 달려야 합니다.
높고 낮은 언덕을 오르락내리락 수십여 차례 잘 극복해야
마침내 골인 지점이 보이게 마련입니다.

자기 페이스를 잘 지키기 바랍니다.
현실이 다소 버겁더라도 미루거나 포기하지 마시고
늘 하시던 대로 우직하게
버텨내시기 바랍니다.

환갑 완주_동아마라톤

2019 03 17

황금 돼지의 해.
올해 난 환갑을 맞게 된다.
환갑은 전반기 인생을 마무리 짓고
후반기 삶을 시작하는 반환점 같은 것인지도 모른다.

죽을 날이 머지않다며 서글퍼할 일도,
모든 일손을 놓고 죽을 준비를 서두를 일도 아니다.
오히려 건강하고 행복하게
반평생 더 살 궁리를 하는 게
바람직하지 않을까?

오늘 난 마라톤 42.195km를 완주했다.
2008년 가을 처음으로 풀코스를 달린 뒤
오늘 스무 번째 완주 메달을 목에 걸었다.

스스로 선택하면,
당당하게 마주 대하면
고통조차도 기쁨과 행복으로 바꿀 수 있다.
환갑은 부정할 일도, 회피할 일도,
두려워할 일도, 서글퍼할 일도 아니다.
오히려 기꺼이 환영할 일이다.

마라톤과 인생

2025 05 10

마라톤 42.195km를 완주하는 것은 다음과 같다.
출발선에서 출발신호를 기다리는 순간에는 몸이 한껏 달아오른다.
'과연 해낼 수 있을까'하는 두려움과
'아마도 해낼 거야'라는 기대감 때문이다.
출발해서 3~4km까지는 좀 버겁다. 몸이 덜 풀린 까닭이다.
제 페이스를 찾고 15km까지는 힘차게 달린다.
아직 힘이 남아돌기 때문이다.
15km 지점을 지나면 이제부턴 무아지경에 빠져든다.
이어폰으로 들리는 음악의 리듬에 맞춰 마치 러닝머신처럼 뛴다.
시시때때로 바뀌는 주변 풍광을 감상하면서 이런저런 잡생각에 빠져
30km까지는 꽤 수월하게 달린다.
그러나 30km 지점을 통과하면 허벅지와 종아리에 통증이 시작된다.
만약 연습을 게을리했다면 이때 영락없이 근육경련, 쥐가 난다.
35km 이전에 쥐가 나면 완주하기 어렵다.
걷다 뛰다를 거듭하다 보면 경련이 극복되기도 하지만
그것은 완주 의지와 맞닿아 있다.
완주 의지가 강해야만 뛰다 걷기를 거듭하면서라도
골인 지점에 닿을 수 있다.

마라톤을 20회 완주한 내 경험에 비추어 보면
33km에서 38km까지 중후반부가 가장 힘들다.

근육경련에 걸리지는 않았더라도 팔다리에 힘이 다 빠져
한 걸음이 천근같이 무겁다.
1km가 마치 10km라도 되는 듯 가도 가도
38km 표지판이 보이질 않는다.
마침 급수대라도 나오면 물을 마시거나
바나나를 먹으며 한참을 걷게 된다.
그러나 38km 표지판을 지나면 어디서 솟구쳤는지 새로운 힘이 난다.
아마도 목표지점이 이제 얼마 남지 않았다는 생각 때문이리라.
고통스러운 시간을 줄이려면 있는 힘을 다해 뛰어야 한다.
사실 이때부턴 악으로 깡으로 뛴다.
41km 표지판을 지나면 마침내 골인 지점이 저 멀리 보이고
응원 나온 사람들의 꽹과리 소리도 커진다.
마지막 스퍼트도 쉽지는 않다.
이미 온몸에 힘이라곤 다 빠졌기 때문이다.
이를 악물고 골인 지점에 도달하면 그야말로 말로 표현할 수 없는,
벅찬 감정이 온몸을 휘감는다.
고통을 견뎌내고 기어이 마라톤 풀코스를 완주한 자신에게 감격한다.
다리를 절룩이며 완주 메달을 걸고 하늘을 보면
온 세상이 내 것 같다는 느낌이 들기도 한다.
시원한 그늘에서 함께 뛴 동료들과 막걸리 한 잔 나누면서
가파른 언덕과 맞바람을 극복한 무용담을 나눌 때 참 행복하다.

마라톤은 한 사람의 인생역정과 흡사하다.
출발선에 대기할 때는 아마도
어머니 뱃속에서 세상에 태어나기 직전에 비유할 수 있지 않을까.
막연한 두려움이나 기대감 같은 것이 있을 테고.

초반 3~4km에서 겪는 어려움은
유아기에 상존하는 어려움 때문이리라.
제 페이스를 찾고 힘차게 달릴 수 있는 것은
청소년기에 해당할 것이다.
무아지경에 빠져 러닝머신처럼 달리는,
이른바 러너스 하이 구간은 취업하고 결혼해
안정적인 가정과 직장 생활을 영위하는 중장년기로 보면 되리라.
가장 버겁게 느껴진 33km 지점은 imf 사태로 실직했던 그 즈음이다.
누구나 다 한두 번쯤은 삶의 위기를 겪게 된다.
실직한 데다 빚까지 얹혀있어 무척 힘들었던 시절이다.

아마도 지금 나는 온몸에 힘이 다 빠진 채
38km 지점을 통과하고 있는지도 모른다.
조금 더 달리면 저 멀리 골인 지점이 보이게 될 것.
내 삶을 다시 일으켜 세우고 주변의 응원도 좀 받아서
마무리 스퍼트를 멋지게 해내야 하리라.
평생 단 1초도 어긋남이 없이 쿵쾅대며 뛰어 준 내 심장.
평생 내가 가고 싶은 곳에 나를 데려다준 내 두 다리.
평생 잘 먹고 잘 살 수 있게 잘 기능해 준 내 오장육부.
결국 난 나 자신에게 진심으로 감격하면서,
그리고 나를 응원하며 함께 달려 준 가족들과 친구들에게 감사하면서
내 인생 골인 지점을 통과해야 할 것이다.

은퇴하자마자 바꿔야 할 것들

2021 02 24

정년을 맞아 퇴임 또는 퇴직하면 우선 시간의 압박과
출퇴근의 굴레에서 벗어나게 된다.
이는 곧 일상이 자유로워진다는 뜻이지만
딱히 할 일이 없다는 의미로 해석되기도 한다.
하지만 '자유로워진다'는 긍정적 의미의 일상은 그리 오래 가질 않는다.
기껏해야 석 달, 좀 길게 잡으면 반년일 뿐이다.
며칠은 혼자 느긋하게 산에도 다니고 더 용기를 내서
한 달쯤은 여행을 다니면서 자유를 만끽해 보기도 하지만
석 달쯤 지나면 하루 종일 단 한 통의 전화도 받지 못하고
소파 위에서 빈둥대는 자신을 발견하게 된다.
일상이 엉망이 된 채 여기저기 병증이 나타나고
하루하루 급속도로 늙어가는 자신을 느낀다.
"일손을 놓으면 쉬 늙는다."라는 말을 실감케 되는 것도 이 즈음이다.
무기력하고 무미건조한 일상을 더 방치하면 병을 얻게 되고
고질병에 합병증까지 생기면 돌이킬 수 없는 나락에
떨어질 수도 있다.

이런 상황에 맞닥뜨리지 않으려면 일단
하루의 생활 양식을 바꿔야 한다.
수동적인 일상에서 능동적인 일상으로 복귀해야 한다.
그래야 항상성이 생겨 건강과 시간의 낭비를 줄일 수 있고

자존감도 되찾을 수 있다.
나는 우선 아침 습관을 바꾸라고 권하고 싶다.
출근을 하지 않게 되니 아침에 느지막이 일어나 아침 겸 점심을 먹고
텔레비전이나 보다가 소파에 기대어 잠들고
그러다 보면 몸은 천근만근 무거워지고...
이런 악순환에서 벗어나려면 아침 일과를 정립해야 하는데
그중에서도 아침 운동이 참 좋다.
나는 5년 전부터 새벽 5시에 일어나는 습관을 들였다.
아침 5시부터 7시까지는 글을 쓰거나 편집을 하면서 보낸다.
아침을 먹고 7시 반쯤 아침 운동을 시작하는데
근처 근린공원을 한 바퀴 돌아오는 것.
왕복 3km 정도 되는데 중간에 팔다리 근력운동을 겸해
40분 정도 걸린다.
운동은 여러 가지 긍정적인 효과를 가진다.
대사를 촉진하고 호흡 기능을 항진하며 관절을 보강하는 등
신체를 건강하게 만든다.
기분이 좋아지고 신체 활력이 증가하는 것은 두말할 필요도 없다.
때문에 아침 운동은 기분 좋게 하루를 시작하게 하고
몸에 활력을 충전시켜 자기 주도형 일과를 지속시킨다.
즉 퇴직 전의 일상은 누군가에 의해 짜인 시간표대로 생활하는
수동적 일과였지만 퇴직 후에는 스스로 일과표를 만들어
능동적으로 그 일상을 꾸려야 한다.

퇴임하자마자 바꿔야 할 두 번째는
혼자 놀기, 스스로 해결하기에 능숙해져야 한다는 것이다.
각자의 역할이 효율적으로 분담돼있는 직장에서는

주어진 일을 중심으로 동료들과 협력해서 일을 처리해야 했다.
그래서 대인관계 친화력 그런 것들이 중요했다.
누군가 만들어 준 틀 안에서 정해진 방식대로만 일을 처리하면
큰 문제 없이 직장 생활을 해낼 수도 있었다.
그러나 퇴직 후에는 그 누구도 그런 일을 맡기지 않으며
어쩌다 얻게 된 일도 임시방편 허드렛일일 경우가 허다하다.
일이 아니라 노는 것도 마찬가지다.
다행히도 뜻이 맞아 함께 산에 오르는 친구 또는 동료가
있다면 모를까 퇴임 후엔 아무도 같이 놀아주지 않는다.
심지어 술을 한잔 살 테니 시간을 좀 내 달라고 부탁해도
선뜻 응하는 사람들이 없다.
야속하고 서글프다는 생각이 드는 것도 당연하다.
그래서 퇴직 후엔 혼자 놀기에 적응하고 능숙해져야 한다.
우울증이 겹치면 헤어나지 못할 만큼 깊은 수렁에 빠질 수도 있다.
하고 싶은 일을 우선 찾아야 한다. 아니 만들어야 한다.
무엇을 좋아하는지, 어떤 물건을 아끼는지, 어릴 적 꿈은 무엇이었는지
자신을 꼼꼼히 들여다보면서 좋아하는 일,
좋아하게 될 일을 찾아야 한다.
집안일 역시 이제부터는 혼자 해결하는 습관을 들여야 편하다.
밥도 직접 해 먹고 빨래나 설거지, 쓰레기 분리수거 하는 일도 스스로
하는 것이 좋다.

퇴직 후에 바꿔야 할 것 세 번째는 가치 중심 즉,
삶에 우선순위를 바꿔야 한다.
일 중심, 돈벌이 위주의 생활에서 건강 우선, 행복 중심의 삶으로
빨리 전환하라고 강권한다.

무엇 때문에 왜 그랬는지도 모르게
'돈 되는 일 우선, 가정 행복과 건강은 나중'이라는 방식으로 살았다.
하지만 이제부턴 '행복 우선, 건강 최우선'으로 노년의 삶을 살아야 한다.
시간과 건강의 가치가 돈과 일의 가치보다 훨씬 더 커졌기 때문이다.
젊은 시절에는 시간을 투자해서 돈을 버는 게 당연하다 싶을 만큼
충분한 시간이 있었지만 은퇴한 지금 시점에서는 살날,
특히 건강하게 살 수 있는 날이 얼마 남지 않았다.
돈을 들여서라도 시간을 사야 할 만큼
건강하게 사는 오늘 이 시간이 소중해진 것이다.
예전엔 가족이나 친구들이 행복한 시간을 함께 보내자고 불러도
일이 먼저라며 사무실 또는 편집실에 처박혀 일에 몰두했지만
이제는 그 반대로 행동해야 한다.
다른 사람에게 돈을 주고 그 일을 대신하게 해서라도 행복한 시간에
동참하는 것이 현명하다.
병상에 누워서 보내는 삶은 결코 가치 있는 삶이라 볼 수 없다.
퇴직 이후의 삶은 결국 건강이 그 품격을 좌우하게 마련이다.
건강하게 사는 일상을 하루하루 연장시키면서
그날 그날 행복하게 사는 것이 정답이 아닐까.

학교 가는 꼬맹이와 눈인사를 나누며
2024 08 26

이웃 마을 지웰아파트 중앙통로에서
이따금 마주치는 남자아이가 있다.
초등학교 3학년쯤 된 꼬맹이는 가방 멘 모습이
꼭 어릴 적 나를 닮았다.
뭘 생각하는지 혼자 중얼거리며 걷는 모습까지도.

"그래, 너는 그 창창하고 긴 앞날이 기다리는데
난 이제 마무리 뒤안길만 조금 남았구나.
넓은 세상으로 나아가 당당하게 모험하거라."

꼬마는 미래에 대한 막연한 기대와 두려움이 크겠지?

"포기하는 습성부터 키우지 않길 바래.
나처럼 주저주저하며 아까운 청춘 다 보내지 말고
차라리 좌충우돌하며 꿈을 키우면 좋겠어."

아이의 반짝이는 눈빛이 내게로 돌아왔다.

"할아버지도 뜀박질하면서 건강을 잘 지키세요.
남아있는 소중한 꿈, 하나 둘 이루면서
행복하게 마무리 잘 하셔요.

혹 못다 이루시더라도 너무 서운해하지 마십시오.
제가 바통을 이어받아 기어이 이루겠습니다."

아침 뜀박질 중에 마주친 나의 분신과
상상 속에서나마 향긋한 대화를 나눴습니다.

인생 외길 달리는 자전거
2021 07 21

가늘고 구부정한 논두렁 길에
갸우뚱거리며 달리는 자전거를
흔히들 인생에 비유합니다.

페달을 밟지 않으면 자전거는
논두렁 곁 도랑물에 처박힐 거라며
끊임없이 페달을 밟아야 한다고 말합니다.
삶을 온전하게 지탱하려면
쉬지 않고 뭐든 해야 한다고 말합니다.

하지만 60여 년 인생길을 달렸으면
도랑에 처박히지도, 크게 다치지도 않고
넘어지는 방법을 터득했어야 합니다.

언제든 넘어졌다 다시 일어나
바짓가랑이 툭 털고 핸들을 바로잡은 뒤
저녁놀이 황홀한 논길로
휘파람 불며 달릴 수 있어야 합니다.

비바람 멎은 아침 공원
2024 07 05

밤새 거센 비바람이 불었다.
창틈에서 나는 삐거덕 소리에 새벽 2시쯤 잠이 깼다.
다시 잠이 오지 않아 뒤척이다 다섯 시쯤 자리를 털고 일어났다.
짧은 독서시간. 오늘은 대학 신입생 시절에 읽었던
빌 코바치가 엮은 〈저널리즘의 기본 원칙〉을 읽었다.
서문만 읽었는데 40여 년이 지난 후에 읽으니 감회가 새롭다.

아침 공원을 달리는 길에 나뭇가지와 삭정이들이
여기저기 널브러져 있다.
아직 젖어 있는 공원 길을 골라 디디며
미끄러운 언덕을 천천히 오른다.
아침 운동하는 이 귀한 시간.
잠시 멈춰 준 비바람이 정말 고맙다.
지금도 이슬비가 내리는지 목덜미가 따끔거린다.
까마귀가 높다란 메타세쿼이아 가지에서 큰 소리로 운다.
그에 답하는 외마디 소리가 없는 걸 보니
아마도 간밤에 새끼와 헤어진 듯하다.
저 아래 빌라촌으로 날아가서는 남편 까마귀와 함께 깍깍거린다.

나는 작년 이맘때 공원 초입에서 마주쳤던 어린 까마귀를 떠올렸다.
길 한복판에 앉아 허공을 향해 까악 까악 외마디 소리로 울었다.

어미를 애타게 찾는 듯했다.
장맛비에 흠뻑 젖은 날개를 펼칠 수 없었던지
뜀박질하는 나를 피하지 않고 눈만 껌뻑였다.
근처 나무 밑동을 헤쳐 지렁이를 두어 마리 잡았다.
먹지 않았다. 에미 부르는 까악 소리만 일정하게 냈다.
바로 옆에 수인선 전철 교량과 널찍한 차도가 있었는데
그 소음에 묻혀 어린 까마귀 소리는 멀리 가지 못했다.
나는 아기 까마귀를 공원 한가운데 조용한 상수리 나뭇가지로 옮겼다.
얼마나 지났을까?
상수리나무 꼭대기로 어미 까마귀가 날아와 요란하게 울었다.
나는 얼른 상수리나무 그늘에서 벗어나 멀찍한 공원 정자로 숨었다.
새끼 까마귀는 어미를 만나 반갑게 날개를 파닥였다.

이 글을 쓰는 동안
저 아래 빌라촌에서 까마귀 한 쌍이 돌아왔다.
근처에서 외마디 까악 소리가 들리는 걸로 보아서는
헤어졌던 아기 까마귀와 함께 숲으로 돌아온 것 같다.
저 봐, 지금도 운동 마당 언저리를 빙빙 돌며
깍깍거리는데 짧고 경쾌하게 들린다.

느릿하게 차곡이는 시간의 소중함
2024 09 23

시간의 느낌은 마음이 정한다.
내 마음이 어떤 상황에 있느냐에 따라 시간의 빠르고 느림이 결정된다.
마감 시간에 쫓기고 있을 때 시간은 엄청 빠르고
아무 강박 없이 평온한 휴일 아침을 맞았을 때 시간은 느릿하다.
그래서 느릿한 시간을 맞았을 때 행복하고
조급한 시간을 만났을 때 불행하기 쉽다.
그런 측면에서 보면 일생의 행복이 많은 사람은
평온하고 느릿한 시간을 자주 맞은 사람이고
불행한 사람은 빠르고 급하게 흐른 시간으로
삶의 대부분을 채운 사람이다.

행복을 키우려면 느릿한 시간을 자주 가져야 한다.
아주 직관적으로 말하면 쉬는 시간,
그것도 나답게 쉬는 시간이 많아야 한다.
사람들은 시간을 절약하려고
승용차를 타고 목적지로 빠르게 이동한다.
네 시간을 달려서 부산항에 도착했지만 기억에 남는 도시는 없다.
중간에 들러 잠깐 쉬었던 휴게소만 희미하게 기억날 뿐이다.
비교적 뚜렷하게 기억하는 휴게소가 있다면
가족들과 함께 맛있는 점심을 먹었다든지 정원을 거닐며
동료들과 함께 사진을 찍었다든지 뭔가 특별하게 쉰 곳이어야 한다.

승용차를 타고 달린 시간은 결국
금방 기억에서 사라지는 빈 시간이다.
물론 차 안에서 더 행복한 시간을 보냈다면 그 반대일 수도 있겠으나
통상적으로 빠르게 달린 시간은
잔뜩 부풀어 오른 풍선처럼 가벼운 시간일 뿐이다.
공간에서 느끼는 속도만 그런 것이 아니라
우리 마음이 느끼는 시간의 속도 역시
빠르게 흐른 시간은 허풍선 같고
느릿하게 흐른 시간은 무언가 남는 게 있는 시간이다.

나는 이 느릿하게 흐르는 시간을 자주 만들고 잘 활용해야
행복이 배가 된다고 생각한다.
모처럼 생긴 여유 시간이라면 더욱 그렇다.
일에 지쳐 그냥 빈둥거리며 보내고
또다시 빠른 시간에 편승하게 되면 일 년 이 년이
통째로 기억에서 사라지는 빈 시간이 되기 때문이다.
모처럼의 여유 시간을 나를 위해 요긴하게 써야
그나마 뭉텅이로 사라지는 세월을 쪼갤 수 있다는 얘기다.
여유 시간, 빈 시간을 내가 좋아하는 일에 우선 투입해야 한다.

실천이 뒤따르지 않으면 후회만 키울 뿐
2024 07 13

생각이 먼저 떠오르고 행동이 뒤따른다.
"배가 부르니 이젠 그만 먹어야겠어."라고 생각하면
곧이어 숟가락을 놓게 되는 것처럼
사람이 하는 모든 행동에는 생각이 앞서게 마련이다.
가끔은 행동을 강제하려고 말을 우선 내뱉는 경우도 있기는 하다.

그런데 행동을 수반하지 않고 생각에만 머무르거나
말로만 떠벌이는 일이 꽤 많다.
실패한 경험이 많은 사람이 더 그렇다.
오늘부턴 매일 책을 읽어야지.
새해부턴 열심히 운동할 거야.
이런 결심이나 작정도 실천이 뒤따라야 성과를 낼 수 있다.
생각에서 머무르거나 말만 앞세우면
결코 바람직한 결과를 얻을 수 없다.
장기간에 걸쳐 생각과 행동을
거듭거듭 수정하면서 이뤄야 할 목표라면 더욱 그렇다.

사실 실패나 좌절도 습관이 된다.
작정은 했으나 행동에 옮기지 않고
말을 앞세워서라도 실천을 강제하려 했으나
며칠 못 가서 또 포기하고,

그런 행태를 반복하다 보면
"에이, 난 안 되나 봐. 어차피 며칠 못 갈 걸 뭐."라고
지레 짐작하며 무기력에 빠지게 된다.

그러나 작정하고 결심한 뒤
꾸역꾸역 실천해 멋진 성과를 거뒀던 사람,
소위 실천 경험, 성공 이력이 쌓인 사람은 다르다.
힘겹게 이룬 뒤에 얻는 짜릿한 쾌감 때문에
다시 작정하고 도전하게 되는 것.
거듭해서 생각을 다지고
실천과 수행을 반복해야만 그 결과물도 빛나게 마련이다.

마음도 흔들어 깨우세요
2024 09 05

사실 똑같은 날은 없습니다.
일어나 세수하고 밥 먹고 출근했다 해서
오늘 아침도 어제와 똑같은 아침이 아닙니다.
문득 가을이 오고 별안간 겨울이 닥친 게 아니라
무덤덤했던 마음이 오늘따라 민감해졌을 뿐입니다.
이마에 스치는 바람이 서늘하고
흩날리는 낙엽이 쓸쓸해 보이는 것은
마음이 푸석푸석 메마른 까닭입니다.

매일 아침 마음도 흔들어 깨우십시오.
잠자리를 정리하면서, 집을 나서면서,
아니면 저처럼 아침 운동을 하면서
마음을 살짝 흔들어 놓으십시오.

오늘은 가볍고 상쾌하게,
내일은 반가운 누군가를 만날 것 같은 설렘으로,
그리고 모레는 무슨 좋은 일이 있을 것 같다는 기분으로
마음을 일으켜 세우면 됩니다.

그러고는 푸석해진 내 마음 밭에
깨알만 한 행복의 씨앗을 뿌려주세요.

마음이 촉촉해질 때마다
한 뼘 두 뼘 내 행복이 자라도록
나를 그냥 놔두십시오.

제8장

사랑과 행복이 솟아나는 참 샘
가족

가까운 사람일수록 선뜻
꺼내지 못하는 말이 있습니다.

"다 이해를 해주겠지 뭐."
그러면서 삼켰던 말들.
더 늦기 전에 이제부턴
그때 그 즉시 말하렵니다.

미안해요.
사랑합니다.
고맙습니당~♡

은비가 보낸 생일 축하 편지

2006 01 24

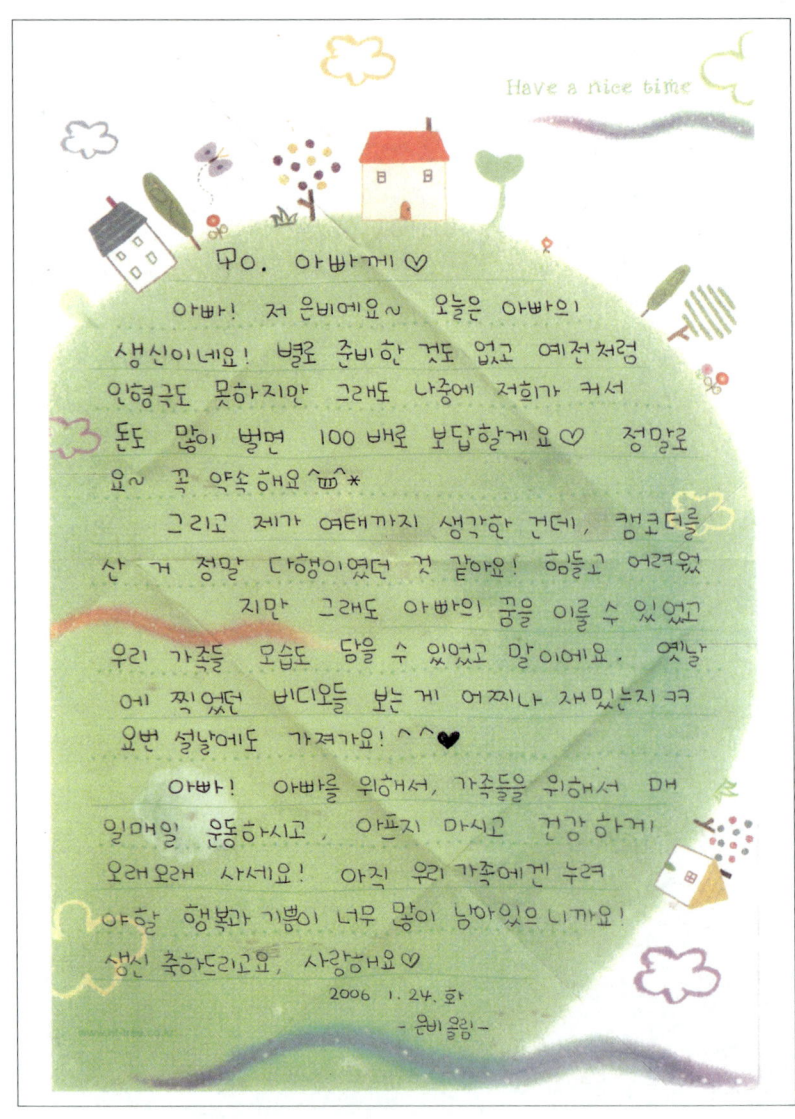

마지막으로 입는 10년 바지
2016 06 09

약간 색이 바랜 남색 바지.
얼마 전 재활용 쓰레기통에 버려져 있던 것을 내가 꺼내 와
아내에게 "한 번만 더 입고 버리자."라고 했던 바로 그 옷이다.
아주 허름하게 막 입기 좋은 옷이다.
이곳저곳 돌아다니며 촬영을 해야 하는 나는
주머니가 많고 활동하기 편한 옷을 좋아한다.
주머니에 배터리나 테이프 같은 비품들을 넣고
담장 위에 기어오르거나 바닥에 주저앉아야 하는 경우가
종종 있기 때문이다.
이 남색 바지 역시 허벅지 께가 펑퍼짐한 데다
땀이 차도 잘 들러붙지 않고 내 몸에 딱 맞기 때문에
10여 년 아주 요긴하게 자주 입은 여름옷이다.

아내가 빨래해서 장롱 속에 개어 놓았던 것을 오늘 꺼내 입는다.
왠지 미안하다는 생각이 든다.
나를 위해 한 10여 년 험한 곳, 너저분한 곳에 함께 다니다
이제 쓰레기통에 처박힐 처지가 된 남색 바지.
물론 고맙기도 하다.
아내가 이 바지를 대신해 사준 새 바지는
이만큼 편하지 못하니 자주 안 입게 될까 조금 걱정이 앞선다.

곱등이 소란

2010 09 05

그제 저녁 밤을 새운 탓에
어제는 일찍 들어와 잠을 청했다.
잠이 약간 들었을까?

"엄마야! 벌레가 들어왔어!"
딸아이들 방에서 외마디 소리가 들렸다.
총알같이 일어나 방으로 가보니
곱등이 한 마리가 이리저리 뛰어다닌다.
얼른 휴지로 감싸 창밖으로 내던졌다.

"벌레란 건 징그럽거나 무서운 게 아니야.
함께 살기에는 좀 부담스러울 뿐이지."

딸들에게 또 한차례 잔소릴 하고 이내 잠자리에 든다.
곱등이란 녀석들이 이상 번식을 한다는 뉴스를 보고
딸들이 잔뜩 겁을 먹은 모양이다.
딸들을 보호하려는 강한 본능이
내 안에 잠재돼 있다는 걸 느꼈다.

은별이가 수능시험을 잘 치렀으면

2010 11 18

새벽녘에 꿈을 꿨다.
제법 큼지막한 우물이 있는 들판에서 야영을 했다.
텐트로 사용했던 판초 우의를 개고 배낭을 꾸려서
어깨에 둘러메고 돌아온 곳은 학교 교실.
교실 창가에는 박승만 선생님이 홀로 앉아 계셨고
내가 인사를 꾸벅했더니.
"종선이 너 요즘 운동을 열심히 한다며?"
"네, 그걸 어떻게 아셨어요?"
"영가리 동네 사람들이 모두 알던데."
선생님과 인사를 나누고 교실 안쪽에 연이어 붙어 있는
구석진 교실로 들어가 기섭이 옆자리에 효재 배낭을 내려놓았다.
배낭이 묵직하길래 열어보니 그 안에 도시락이 세 개나 있다.
하나는 김밥, 또 하나는 볶음 비빔밥.
기섭이 하고 뭔가 얘기를 나누고
구석진 교실에서 나와 밝은 창가에 내 자리로 돌아가는데

"은비 아빠! 일어나요."
부엌에서 아침을 준비하던 아내가 나를 깨웠다.
"은비 아빠, 얼른 밥 먹어야지."
오늘은 은별이가 수능시험을 보는 날.
맛있는 아침을 해 먹여서 시험장에 보내야 한다며

오리고기를 구웠다.

은별이가 오리고기 깻잎 쌈을 좋아하기 때문이다.

밥 먹으면서 꿈 얘길 식구들에게 했다.

은별이가 시험에서 대박을 칠 징조라며 아내가 좋아했다.

식사가 끝나자마자 샤워를 하고 출발 준비를 했다.

콜택시를 불렀는데 즉각 대기 신호가 왔다.

은별이 수능시험장은 간석오거리 근처에 신명여고.

몇 년 전 아이들이 다녔던 간석여중과 나란히 있는 학교다.

택시는 10여 분만에 간석오거리에 도착했다.

너무 일찍 도착했다며 골목 입구에 내리자고 했다.

딸들과 함께 천천히 골목을 걸어 올라가면서

은별이가 오늘 수능시험에서 좋은 성적을 거뒀으면 좋겠다고 생각했다.

시험장으로 은별이를 들여보내고 감사했다.

딸들이 건강하게 성실하게 고등학교를 잘 졸업하고

이제 대학에 입학하게 된다.

대견하기도 하고 감사하기도 하다.

달콤한 오디 한 줌
2024 05 24

수인선 고가 옆 둔덕에 뽕나무 한 그루
튼실하게 잎새를 폈다.
뽕잎 아래 매달린 거뭇거뭇한 열매, 오디.
엊그제는 참새가 가지 사이를 오가며 쪼아대더니
오늘은 직박구리가 날아와 앉았다.
냉큼 카메라를 켜고 허리를 굽혔더니
휘리릭 날아가 버린다.

엊그제만 해도 설익었던 오디가
새까맣게 농익었다.
어릴 적 생각에 한 알 두 알 따 모으니
금방 한 움큼 손바닥에 쌓였다.
내 학비를 마련하느라 해마다 누에를 쳤던
어머니 생각이 왈칵 떠올랐다.
오디 알갱이가 마치 눈물방울 같다.
잠시라도 위로가 될까 싶어
누이에게 오디 사진을 카톡으로 보냈다.

"입술이 새까매지도록 오디 따먹던 배고픈 시절,
엄만 늘 어두워져야 뽕 보따리를 이고
불기산 자락에서 돌아오셨지요. ㅠㅠ"

입안이 달착지근해질 즈음
뽕나무 그늘에서 나왔다.
어느새 뽕잎 흰 가루가 머리에 잔뜩 얹혔다.

아내 마중하는 어느 가을 아침
2020 11 08

서리 내린 가을 아침
겨울빛 서늘한 저 건너 아파트촌에
물비늘처럼 쏟아지는
은행잎을 보셨나요?

느티나무 낙엽을 밟고
수인선 고가 아래로 돌아
소래포구역에서 기다리는 세 정거장.

아파트 숲사이로
두 갈래 쪽볕이 비껴들 때
까치들이 매를 쫓아 높이 높이 날아오르는
가을 하늘을 보셨는지요?

밤샘 근무로 지친 아내의 얼굴에
반가운 낯빛이 돌 때
대합실 간이찻집에서 풍기는
찐한 커피 냄새를 맡아보셨는지요?

장자골을 떠나 소래포구로

2014 12 01

일주일 내내 버리고 꾸리고.
장자골 언덕에서 내려와 소래포구 근처로
집을 옮겼다. 어제.
서울 정릉에서 인천 만수동으로 이사 와서 11년,
인천대공원 초입 장수동으로 옮겨 9년,
소래포구의 LH아파트 22층에 터를 잡고는
얼마 동안 살게 될까?
내 삶의 마지막 주거지가 되려나.

사실 난 속이 쓰리다.
너무도 정든 마을과 작별해야 하는
안타까움 때문에.
인천대공원을 5분 거리에 둔 장자골은
참 행복한 골짜기였다.
봄 무지개 걸린 만중골의 작은 못.
뻐꾸기 날아오르는 초여름의 관모산.
뜀박질하는 내게 늘 손 흔들며 응원해준
느티나무 단풍터널.
그리고 배고픈 발자국들이 하얗게 찍히던
장수천의 겨울 물가.

이곳이 차마 꿈엔들 잊힐까?

창틈으로 비껴든 겨울 볕 한 줌

2015 01 28

추위를 피해 한 줌 햇살이
한겨울 창틈으로 비껴듭니다.

얼마나 행복해하는지
티격태격 시곗바늘과 장난을 치고
인형 볼에는 살며시 뽀뽀합니다.
다육이 머리를 쓰다듬고
책장에 앉은 겨울 볕은
뽀얗게 먼지로 분칠을 합니다.

"나 잡아 봐라!"
햇살 한 줌이 만년필을 따라 다니는 오후.
난 참 행복한 잉크가 됩니다.

철 지난 연하장에 글 고랑을 만들며
요긴한 짬을 말립니다.

하늘나라로 띄운 편지_이 현정

2002. 05. 30.

좋아하는 것이 많아야 행복하다

편지는 인천 남동구청 가족 편지쓰기 대회에서 은상을 타기도 했고 mbc 라디오 〈지금은 여성시대〉에서 채택돼 양희은 씨가 읽어주기도 했음.

내 마음의 고향 너린내와 샛두밀
2019 02 03

"엄마가 섬 그늘에 굴 따러 가면
아기가 혼자 남아 집을 보다가
바다가 불러주는 자장노래에
팔 베고 스르르르 잠이 듭니다."

'섬집 아기'라는 동요입니다.
한때는 제 어린 딸들과 자주 불렀던 노랩니다.
물론 제가 어렸을 적에도 종종 불렀었지요.

중학생 시절,
나와 여동생은 어두 컴컴한 황톳길로
뽕 보자기 마중을 나가야 했었지요.
봄 가을로 누에를 쳐서
학비를 마련해야 했었던 홀어머니.
밭 한때기 없었던 어머니는 산 뽕을 따다가
누에를 한 장씩 키웠었지요.
허물을 벗고 누에가 4살 5살이 되면
뽕잎을 엄청나게 많이 먹는데요.
어머니는 누에가 3살 때부터
안영가리로 샛두밀로 뽕을 따러 다니셨습니다.
누에가 식욕이 왕성할 때를 대비하는 것인데요.

"내일은 새밀로 뽕 따러 갈 테니 저녁에
독점으로 니야까를 끌고 나와야 한다. 알았지?"
저녁 밥상을 물리면서 어머니가 내게
다짐하듯 말씀을 하십니다.

다음 날 아침.
아랫목에는 아침상이 보자기에 덮여 있고
어머니는 뽕을 따러 새벽길에 나섰습니다.
나는 누이와 함께 아침을 먹고
어머니를 생각하며 학교에 갑니다.

"엄마는 지금쯤 너린내를 지났을까?
아니야 벌써 불기산에 올랐을 거야."

학교에서 돌아오자마자
밧줄을 난간에 동 매고 뒷 마개를 끼운 다음
리어카를 끌고 어머니 마중을 나갑니다.
익균이네 골목을 돌아 작은 개울을 건너
승기네 고구마 밭을 지나면
이제 평평하고 넓은 길이 나옵니다.
우마차가 다니고 가끔 목상 트럭이
나무 등걸을 잔뜩 싣고 오가는 길.

"조기 철둑 아래까지는 태워 줄게."
리어카 옆 난간을 밀면서 따라 온 누이에게
어서 올라타라는 손짓을 보내면

동생은 냉큼 리어카 짐칸에 뛰어 탑니다.
철둑 아래까지는 수월하게 갈 수 있습니다.

"엄마가 산 그늘에 뽕 따러 가면
오빠가 학교 갔다 얼른 집에 와서
니야까 동여매고 철둑을 넘어
엄마에 뽕 보따리 마중갑니다."

동생은 오빠가 힘들까 봐
섬집아기 가사를 바꿔 부르면서
나지막이 발을 맞춰 주기도 했었지요.

경춘선 철둑은 빈 리어카도 끌고 넘기 힘듭니다.
한 20여 미터 전에서부터
나는 끌고 누이는 밀면서 힘껏 달려야 합니다.
철둑 마루에 간신히 올라섰는데 이번에는
철쇠(레일)가 리어카 바퀴에 걸립니다.
하지만 요령이 있지요.
리어카 머리를 왼쪽으로 틀면서
오른쪽 바퀴를 우선 넘기고요.
다시 리어카를 오른쪽으로 세게 틀면
왼쪽 바퀴가 철쇠를 넘게 됩니다.

철둑을 넘어서면 이번에는 행길,
그러니까 경춘국도가 또 리어카를 막아섭니다.
행길을 건너기 전에 오두막 술집이 있고

길 건너편에는 기창이네 가게가 있었지요.
거기서 눈깔사탕을 하나 사 먹을까 하다 그냥 지나칩니다.
이따 너린내 언덕을 넘을 즈음
가게가 하나 더 있는데 거기서 쉬어 갈 참입니다.
중색교회를 지나 벌태봉 삼거리에서 왼쪽 길로 접어들면
아스팔트 길이 끝나고 황톳길이 시작됩니다.
가끔 차가 다니는 넓은 길이지만
군데군데 삐죽이 튀어나온 돌들 때문에
길이 울퉁불퉁하지요.

날이 더 어두워지기 전에
독점에 바위벼랑 밑을 지나야 합니다.
그러려면 미영네 집 앞에서부터
너린내 언덕까지는 뛰어야 합니다.
여동생을 다시 짐칸에 태웠습니다.
리어카가 얼마나 많이 다녔는지
삐죽한 돌멩이들 사이로 바퀴 자국이
기다랗게 이어졌습니다.

너린내 언덕마루에 올라섰으니
이제 한숨 쉬어 갈 차례.
우체부 아저씨가 구판장 툇마루에 앉아
오누이를 반깁니다.
"엄마 마중 가는구나. 그래 잠깐 쉬어 가렴."
아저씨는 사실 제 매형입니다.

너린내 누님의 남편이니까요.
미루꾸를 한 봉지 사주셨습니다.
기름종이에 쌓여 있는 미루꾸가 10개나 들어 있지요.
덕분에 너린내 돌다리 곁을 지날 때까지
달콤하게 가뿐하게 달렸습니다.

이제 독점 사슴목장 깨 덕둔동을 지나야 합니다.
약간 오르막이지요.
병숙이네 집 헛간이 올려다뵈는 산기슭에
널찍한 뽕밭이 보입니다.
아주 탐스럽게 핀 뽕잎들이 석양에 반짝거립니다.

"우리한테도 이만한 뽕나무밭이 있었으면."
호랑이(갈가지)가 밤길에 사람을 놀래킨다는
바위 모퉁이만 돌아서면 이제 목적지입니다.
벼랑에 스치는 바람 소리는 거칠고 이미 날은 저물고.
사슴목장 바위 모퉁이를 돌아 나설 땐
머리카락이 쭈볏거렸습니다.
그나마 누이가 있어서 다행입니다.

"엄마가 산 그늘에 뽕 따러어 가면~"
동생이 나지막하게 노래를 또 부릅니다.

독점 삼거리.
이제 더는 갈 수가 없습니다.

오른쪽으로 개울을 건너야 새밀로 이어지는데
엊그제 내린 비로 개울물이 많이 불었습니다.
왼쪽 어스름 길 끝에는
영선이네와 병훈이네 두 집이 있습니다.
그 뒤편 산기슭에 보이는 불빛은 용오네 집이고요.
조금 전만 해도 어렴풋이 보였던 굴뚝 연기가
이젠 하나도 안 보입니다.
눈길 끝에 간신히 불빛이 가물거릴 뿐입니다.
사방이 캄캄하고 이따금 지나던 사람들도
발길이 끊겼습니다.
바위 벼랑에서 돌 구르는 소리가 나더니
쪽제비가 꽤액 꽤액 웁니다.

"도대체 이 늦은 시간까지
엄마는 산속에서 무얼 하시는 거야?"
무서우니까 조바심이 커집니다.
그러나 시간이 지날수록 엄마 걱정도
두밀 계곡에 개울물처럼 불어납니다.

"엄마가 산 그늘에 뽕 따러어 가머언
누이가 혼자 남아 집을 보오 다가
산새가 불러주는 자장 노래에
팔 베고 스르르르 잠이 드읍니다~"
이번엔 오누이가 함께 부릅니다.
어머니가 올 때까지 거듭거듭 노래를 부릅니다.

마침내 어머니가 어둠 속에서
큼지막한 보따리 이고 나타났습니다.
얼마나 반가웠던지 눈물이 날 뻔했습니다.
얼른 보따리를 받아 내리고 어머니를 리어카 난간에 앉혔습니다.
보따리가 얼마나 크고 무겁던지 남매가 함께 들어도
리어카에 싣기 어렵습니다.
보따리 하나가 리어카 짐칸을 가득 채웠고
우린 뽕잎 냄새를 맡으며
밤길을 달려 집으로 돌아옵니다.

누이와 봉숭아

2021 09 02

아파트 현관 앞에 봉숭아 한 포기 탐스럽게 자랐다.
지난해 말 죽은 주목나무가 뽑혀나간 뒤
한동안 휑하니 비어있던 자리에
맘씨 고운 이웃이 봉숭아 한 포기 심었다.

꽃은 아파트 현관에서 이웃들에게
일일이 눈인사를 건네는 경비원이 되었다.
무더위 꺾이고 참매미 요란하게 울더니
며칠 전 초가을 장맛비가 세차게 휘몰아쳤다.

뙤약볕과 비바람을 모두 견뎌낸 봉숭아는
제법 튼실한 꽃송이를 주렁주렁 매달았다.
송골송골 맺힌 꽃송이 하도 붉어서
고향 집 돌담 아래 쪼그려 앉았던
어린 누이가 생각났다.

"오빠야, 봉숭아 꽃 이쁘지?
엄마가 있음 손톱에 물들이자 할 건데."

누이는 봉숭아 꽃잎을 짓이겨
백반과 함께 손가락 끝에 동여맸다.

애지중지하며 밤잠을 설쳤다.

이튿날 손톱과 손가락 끝마디가
온통 발그레해졌다.
첫눈이 올 때까지 봉숭아 물이 지워지지 않으면
첫사랑이 이뤄진다나 어쩐다나.

매니큐어를 발랐거나 꽃장식을 그린 손톱보다
봉숭아 꽃물이 든 손톱이
내 눈엔 훨씬 더 예쁘게 보인다.

아마도 어릴 적 고향 집 꽃밭에서
늘 엄마를 함께 기다렸던 누이 때문이 아닐까.

"손대면 톡 하고 터질 것만 같은 그대.
더 이상 참지 못할 그리움을 가슴 깊이 물들이고."

내 맘속에서 꺼낸 운동화

2018 11 30

내 마음속에는 세 켤레의 운동화가 있습니다.
먼 기억 속의 낡은 운동화 두 켤레와
최신식 고급 운동화 한 켤레.

중고등학생 시절 내 운동화는
부뚜막 가마솥 뒤에 숨어 있었지요.
소죽을 쑤는 한겨울 이른 아침.
어머니는 거기에 항상 내 운동화를 얹어 놓았다가
내가 마침 학교에 가려고 문지방을 넘어서면
나를 무슨 상전 모시듯 부뚜막에서 운동화를 가져와
얼른 봉당에 내려놓으셨지요.
내가 신기 편하도록 운동화 코를 앞으로 해서 나란하게.

내 오랜 기억 속에 여전히 남아 있는 낡은 운동화
이 운동화는 항상 어머니와 함께 있고
또 나를 금방 울립니다.
내가 만약 연극배우라면
눈물 연기 하나는 아주 잘 할 것 같아요.
부뚜막에 운동화만 생각하면 3초 이내로 눈물이 나니까요.
제 엄니는 배운 것도 가진 것도 없었지만
자식 사랑만큼은 정말 끔찍하다 할 정도로 극진했었지요.
그 지극 정성을 당연하다는 듯 늘 받기만 하다가

어머니가 예고도 없이 갑자기 돌아가시자
제 마음속에는 아주 깊은 우물 같은 게 생겼습니다.
이 우물은 오늘처럼 갑자기
왈칵 솟구치는 눈물샘이 되기도 하지만
또 때로는 마른 목을 축여 주는
생명수 같은 존재가 되기도 합니다.
제가 어려울 때마다 나를 응원해 주는 그 깊은 우물.

내 기억 속에서 두 번째로 꺼낼 수 있는
운동화는 농구화에 가깝지요.
통일화라는 목이 긴 운동화, 아시는지요?
한 40여 년 전쯤에 군 생활을 하셨다면
이 통일화를 어찌 잊을 수 있겠습니까?
그걸 신고 3백리 행군에 나섰지요.
완전군장을 갖추고 1박 2일 꼬박 걸어야 하는 고된 훈련.
보병, 일명 딱총수들에게는 필수적인 훈련입니다만
그땐 군화보다 통일화를 신고 행군에 나설 때가 많았습니다.
군화는 아껴 신어야 했거든요.

그런데 통일화를 신고 20km쯤 걸으면
문제가 생기기 시작합니다.
딱딱한 고무바닥이 발바닥과 마찰을 일으켜
물집을 만들기 때문이지요.
그래서 통일화 바닥에 솔잎을 깔고
양말에 초칠을 하는 등 비법을 동원해 보지만
30km쯤 계속 걸으면 그런 것들이 다 소용이 없지요.

잠시 쉬어갈 때마다
신발을 벗고 물집을 터뜨리고 헝겊을 감아 줘야
10km 정도 덜 아프게 걸을 수 있습니다.

"박 일병, 많이 아프냐?"
고재진 일병이 내 발을 어루만지며
이제 얼마 안 남았으니 힘을 내자는 몸짓을 보냅니다.
대구 출신이었던 그는
나보다 3개월 앞선 선임병이었는데
나와는 변죽이 아주 잘 맞았었지요.
입김이 잔뜩 어린 안경 너머로
고 일병의 일그러진 얼굴이 얼핏 스칩니다.
통일화 바닥에 피가 절어 있고
양말이 발바닥에 달라붙어 잘 벗겨지지 않습니다.
왜 동병상련이라는 거 있잖아요?
피투성이가 된 고 일병의 통일화를 보는 순간
내 발바닥도 찢어지는 듯 아팠습니다.
국문학을 전공했던 사람이라
시인이 될 거라고 했던 고 일병.
어디에서 나처럼 늙어가고 있겠지요?

내 마음속에서 3번째로 꺼내고 싶은
운동화는 아내가 사 준 것입니다.
저는 사실 신발을 험하게 신는 사람입니다.
구두는 아주 특별할 때나 신고
평소에는 늘 운동화 차림으로 나서지요.

카메라를 메고 뛰어야 할 때도 있고요
온종일 여기저기 걸어 다녀야 할 때도 있기 때문입니다.

"좋은 신발을 사 주면 뭐해.
한 달도 못가서 헌 신발이 되는걸."
아내는 새 신발을 내게 건네면서 늘 핀잔을 주지요.
그러면서도 내 운동화를 살 땐 무척이나 꼼꼼합니다.
발 뒤축에 쿠션이 좋은지
볼이 좁지는 않은지
신고 벗을 때 얼마나 편한지.
제 발의 사정은 아내가 참 잘 알지요.
결혼한 후에는 내 스스로 운동화를 샀던 기억이 없습니다.
감사해요.
정말 고맙지요.

부뚜막에서 잠든 운동화

2022 05 20

부엌 처마에 고드름이 자라는 새벽
뜸 드는 밥솥을 껴안고
헌 운동화 한 켤레 노루잠에 들었네.

싸릿가지 타들어가듯 어머니 기침 잦아질 때
어둠은 돌담 넘어 텃밭 깨로 사라지고
눈곱만큼 짧은 겨울 아침이 밝았네.

하푸하푸 세수하고 후루룩 밥 먹고
책가방 챙겨 헐레벌떡 툇마루에 나서니
내 운동화 하품하며 더운 입을 벌리네.

대문 밖에 걸린 어머니 손짓
언덕을 넘어 등굣길 사라질 때까지
운동화 속에서 꼼지락거리며
언 발을 녹이네.
내 맘을 녹이네.

그때 하얀 눈이 내렸다.

2016 02 01

골목 입구 레코드 가게에서
'단발머리' 노래가 흘러나올 때
눈이 내렸다.

좁고 가파른 계단을 힘겹게 오를 때
가로등 불빛 아래로
꽃가루처럼 눈이 내렸다.

연탄 아궁이에 불 갈아 넣고
라면 끓여 허기를 채울 때
자취방 창밖으로 하염없이 내렸다.

스무여섯 해 내 생일을
영등포 병원에서 지새우던 밤.
쌀가루처럼 하얀 눈이 밤새 내렸었다.

이튿날 새벽
어머니는 그예
그 먼 하늘나라로 떠나셨다.

***어머니는 1986년 1월 25일 새벽 문래동 횡단보도에서 시내버스에 부딪혔다. 얼굴에 피멍이 들고 갈비뼈가 부러졌다. 신화병원에서 산소호흡기를 낀 채 혼수상태로 일주일을 보냈다. 2월 1일 오전 11시 47분 절명했다.
그날도 그다음 날도 함박눈이 펑펑 내렸다.

소슬바람에 큰 슬픔을 날려 보냄

2015 10 04

이미 마음속 깊이 스민 설움을
어찌 먼지 털 듯
툭 털어버릴 수 있겠는지요?

스산한 마음을 달래려
소래포구 산책에 나섰습니다.

에누리치고 덤을 얹고
그래도 시장통엔 생기가 넘칩니다.
슬픔이 머무를 짬이 없습니다.

소래포구 소슬바람이 앞머리 훑어 올릴 때
큰형 잃은 설움도 가까스로
날려 보냅니다.

아버지 같은 큰 형님.
하늘나라에선 가족들 걱정 놓으시고
사방팔방 훨훨 날아다니십시오.

***1940년 8월 26일생 박영선.
아버지가 돌아가신 1970년 이후로 줄곧
그 역할을 대행하셨던 큰형이
2015년 9월 26일 새벽에 하늘로 떠나셨다.
담낭암 진단을 받으신 지 석 달 만에.

무궁화 꽃이 피었습니다

2016 07 17

고향 집 돌담 위로 무궁화 꽃이 피었습니다.
아이들 웃음소리 따라 히죽히죽
무궁화가 피었습니다.

처음엔 세월이 내 편인 줄 알았습니다.
아내도 붙여 주고 아들딸 이어주고.
그러나 잠시 고개를 돌릴 때마다 세월은 돌변했지요.
살금살금 다가와서
어머니 데려가고 큰형 작은형 잘라 가고
야근 3박 4일, 출장 두 달 석 달.
일에 묶여 한눈파는 사이 내 젊음을 툭 잘라
냅다 줄행랑을 칩니다.

무궁화 꽃이 또 피었습니다.
노을 진 베란다 창밖에 오늘도 무궁화가
송골송골 피었습니다.

아내가 격리 병동에서 퇴원했다
2022 04 06

아내가 지난 달 31일 코로나 바이러스의 변종인
오미크론에 감염됐다.
기침이 점점 심해지더니 밤새 잠을 못자고
화장실에 들락거렸다.
목이 잠겨 말을 잇지 못했고 열이 났다.
은비가 급히 여기저기 전화를 걸어
음압실 격리병상이 남아 있는 병원을 수소문했다.
다행히도 계양구 한림병원의 음압 병동에
격리 병상이 몇 개 남아 있다는 것.
얼른 아내를 뒷좌석에 싣고 작전동으로 달렸다.
1일 10시 반 음압 병실에 입원했다.

CT와 엑스레이 찍고
폐렴 치료제를 수액으로 투입했다고 한다.
다음날부터 코로나 증세는 완화되어
말하기가 수월해졌다고 했다.
주말을 병원에서 보내고 어제 아침 퇴원 수속을 밟았다.
이만하길 다행이다.

코로나가 유행한 지 27개월,
오미크론 변종이 확산되면서

연일 4-50만 명이 확진되는 사태에 이르자
우리 집은 극도로 조심하면서 바깥출입을 자제했지만
은비가 병원에서 환자에게 옮은 것 같다.
그리고 이틀 뒤 현정이 소래포구역 임시선별검사소에서
코로나 확진 판정을 받았다.
딸은 비교적 수월하게 병세를 이겨냈지만
아내는 하룻밤 사이에 증세가 급격히 나빠져 병원에 갔던 것.

나는 여전히 3번의 PCR 검사결과 음성 판정을 받았다.
암튼 각방에 격리돼 카톡으로 소통해야 하는 갑갑한 상황,
식탁에 약봉지가 널려 있는 생경한 풍광에서
조금씩 벗어나기 시작했다.
나는 더더욱 열심히 아침 운동에 나선다.

집으로 돌아오는 늦가을 풍경

2021 12 18

나무는 늦가을 나그네 발길에
마른 잎을 뿌린다.
흐린 날엔 시름겨운 눈물처럼
갠 날엔 안개 속에 휘황한 태양처럼
쓸쓸하게 흩뿌리기도 하고
향긋한 꽃잎으로 머리맡에 흩날리기도 한다.

낙엽은 바스락대며 사랑을 속삭일 때도 있지만
회오리바람의 꼬리를 문 채
등 굽은 노인을 뒤따르기도 한다.

버짐나무 그늘에 마른 잎이 쌓이며
논고개 마을에 가을이 깊어 간다.

가랑잎 바스러지는 소리에 늦털매미가 울고
밤나무 빈 가지 끝으로 기러기 날아갈 때
엄만 항상 불을 켜놓고 밤늦도록 날 기다리셨지.

코로나 전염병을 덮어버릴 큰 눈

2021 01 13

살얼음조차 얼리지 못했던 2019년 겨울은
그 꼬리에 '코비드 19'라는 전염병을 매달고 왔다.

겨울이 겨울 다워야
그해 4계절이 뚜렷해지고
그런 기후에 오래 적응한 이 땅의 생명들이
잘 자랄 수 있다.

2021년 겨울은 일단 겨울답게 시작했다.
때로는 매서운 추위로
때로는 고드름 끝에 매달리는 물방울로
얼렸다 녹였다를 거듭하면서.

게다가 엊저녁엔 함박눈이 펑펑 내려
온 마을을 하얗게 덮었다.
당장은 미끄러운 출퇴근 길 걱정이 앞서지만
머잖아 코로나 사라지고 풍년이 들 것 같은 느낌이다.

눈꽃 핀 마을 둘레길을 찬찬히 걷는 아침.
그냥 좋다.

***코로나 바이러스 감염증(코비드 19)은
2019년 11월 중국에서 발생해
2020년 1월 20일 우리나라에서도 최초 확진자가 나왔으며
2022년 3월에 정점을 찍었다.
2023년 8월 31일 3년 6개월 만에
코비드19 위기가 진정국면에 접어들었는데 우리나라에선
3천457만 명이 코로나 전염병에 걸려 3만5천900 명이 사망했다.
전 세계적으로는 7억400만 명이 확진돼 700만 명이 죽었으며
치명률은 0.995%다.

술이 설 취했을 때 생각나는 것들
2008 06 08

술이 설 취했다.
왕창 마셔서 꼭지가 돈 상태는 아니지만
꽤 많이 마셨기 때문에 정신이 온전하다고도 할 수 없다.
어쨌든 지금이 딱 좋다.
무슨 일을 하든지 잘 해결될 것 같은 바로 그 "알딸딸"한 상태다.
얼마나 튼실한 글을 써나갈지 걱정스럽긴 하지만
알딸딸한 글 한번 써 보자.

난 술이 설 취하면 우선 아내가 생각난다.
올해로 20년째 내 곁을 지켜주면서 든든하게 내 편이 돼 준 집사람.
그 사람이 가장 먼저 떠 오른다.
더군다나 내 술버릇까지 잘 알고 있는 아내는
벌써 두 차례 내게 전화했다.
"이젠 그만 들어오시지."

다음엔 친구 몇몇이 떠오른다.
내가 술이 꽤 많이 취해서 다소 흐트러진 모습을 보이더라도
"어디야? 내가 그리로 갈 게."
그러는 친구들이 한 서넛 있으니
난 정말 행복한 사람이 아닌가?

그리곤 일이 걱정된다.
당장 내일 촬영 나갈 식당에 전화해서
내일 무엇을 어떻게 촬영해야 할지
어떻게 무엇을 준비해 주셔야 하는지 등등 의논해야 하는데
창밖에 날 흐리고 번개와 천둥이 왕왕대니
전화하기가 싫다.
일에 대한 압박감에서 벗어나고 싶은 거겠지.
내일은 내일 걱정하고
오늘, 아니 지금은 그저 알싸하게 취했으니
마음이 시키는 대로 따르자.

그리고 20여 년 전 행복했던 대학 시절이 떠오른다.
어쩌면 가장 걱정거리가 없었던 시절이 아닐까?
직장생활을 하다가 뒤늦게 대학에 들어갔으니
한두 해쯤은 학비 걱정 안 해도 되겠다.
취직 걱정도 필요 없었겠다.
어쩌면 내 생애 가장 행복했던 시절이 아니었을까?
하지만 곰곰 생각해 보면 그렇지도 않다.
늦깎이 대학생으로 형 노릇 하랴, 동아리 활동하랴.
더군다나 그땐 6월항쟁이니 민주화운동이니 어수선한 시국이어서
뽀오얀 최루탄 연기를 뚫고 종로로 서울역으로
고려대로 건국대로 뛰쳐나갔던 기억이 아직도 생생하다.

미국산 쇠고기 수입문제로 불거진 촛불문화제 정국이
좋은 방향으로 잘 풀렸으면.

나 홀로 성묘

2024 09 16

큰형님 돌아가시고 큰형수님 몹시 아프다 하니
올 추석엔 차례상을 차릴 겨를이 없겠다.
그냥 나 홀로 횡나케 성묘나 하고 오자.
전철을 타고 용산역에 내리니 itx 청춘 열차가
1번 홈에서 대기 중이다.
후다닥 달려서 냅다 타버렸다.
승차권은 매진돼 구할 수도 없었고
차표를 차내에서 차장에게 끊을 생각으로
일단 땡차(?)를 탄 셈이다.
예비석에 앉아 차장이 차표 검사하러 오기만을 기다렸다.
사르르 잠이 들었다.
얼마나 지났을까.
퍼뜩 눈을 떠보니 평내호평역.
열린 문으로 맞은 편에 대기 중인 완행 전철이 보였다.
청평역에서 갈아타는 것보다 낫겠다 싶어
얼른 춘천행 전철로 옮겼다.

경춘선 전철 상천역
역홈에 걸린 안내판에 오후 1시라는 표식이 깜박인다.
집에서 출발한 지 2시간 반 만에 150km를 이동했으니
반 시간 정도는 절약한 셈이다.

상천역 앞에 상천2리 함지박 식당에서
청국장을 맛있게 먹었다.
상천초등학교 앞을 지날 때 친구가 생각났다.
용태 종수 수현, 그리고 김명심. 모두 학창 시절의 친구들이다.
뉴욕에 가 있는 명심이 생각에 초등학교와 상천 교회를 사진 찍었다.
"멀리서나마 내 블로그를 보면 고향을 그리며 기뻐하겠지?"

상천 들판엔 가을빛이 완연하다.
논두렁이 누렇고 밤송이가 영글었다.
침례교회 울 뒤로 높다랗게 자란 은행나무는
황금빛 열매를 주렁주렁 매달았다.
초옥동 농수산물센터에 들러 막걸리 한 병과 새우깡 한 봉지를 샀다.
아부지 엄니, 큰형한테 절할 때 쓰려고 종이컵도 넣었다.
큰 매골 초입에서 빗고개로 접어들었다.
지금은 차가 띄엄띄엄 다니는 옛길.
구부정하게 고갯마루를 넘어야 가족 납골묘가 있는 골짜기가 나온다.
솔향펜션이란 광고판을 비껴 지날 때
근처 축사에서 풍기는 두엄 냄새가 지독했다.
"간판만 보고 숙박을 예약한 사람들은
하룻밤 묵고 나서 숙박비 되돌려 달라 하겠네."
납골묘 골짜기 초입에서 올밤 나무가 나를 반긴다.
걸어서 이 고개를 넘는 사람은 몇 달 만에
당신이 처음이라고 말하는 것 같았다.

준종 할아버지는 신라 경명왕의 35세손으로
여주를 거쳐 가평의 두밀리에 처음으로 정착한 시춘 할아버지의 손자다.

당시 당파 싸움을 피해 이곳 두밀리에 은둔하신 내 7대조.
시춘 할아버지는 두 아들 영구 재구 씨를 두었는데
재구 할아버지의 세 아들 중 둘째가 바로 준종,
내 고조할아버님이시다.
준종 할아버지의 후손 50여 명의 위패가
여기 가족 납골묘에 모셔져 있는 것.
준종 할아버지의 세 아들 중 막내 치언(증조부).
치언 할아버지의 네 아들 중 막내 광현(조부).
광현 할아버지는 일제시대
경춘선 철도 여기 빗고개 굴간을 뚫다가 폭발사고로 돌아가셨다.
광현 할아버지는 두 아들과 두 딸을 두었는데
그 맏아들인 수만(아명 홍준)이 내 아버지다.
나는 홍준 씨의 5남 1녀 중 막내아들이다.

납골묘 언저리에 물봉숭아 꽃이 곱게 피었다.
난 그 꽃이 어머니의 웃는 얼굴처럼 보였다.
두 송이가 서로 마주 보며 얘기를 나누는 듯했다.

"옳지, 우리 막내아들이 인사를 오는구먼. 그려, 착한 녀석이야."
"근데 손에 든 건 뭐여? 고작 막걸리 한 병이잖어?"
"에구 영감, 술도 못 드셨으면서 막걸리 한 병이 뭔 대수라고."
"그럼, 잊지 않고 찾아 주는 것만 해도 어디여.
저 놈은 그래도 때만 되믄 절하러 오잖어."
내친김에 혼자 훌쩍 성묘를 다녀왔습니다.

사랑에 흠뻑 빠진 딸의 눈빛
2024 06 26

저녁 바람 선선했던 어느 봄날.
온종일 다큐멘터리 편집에 몰두하느라 뻐근해진 머리를 식히러
마을 산책에 나섰다.
산수유가 꽃망울을 터뜨렸는지,
택배 기사가 경비 아저씨와 무슨 얘길 나누는지,
여기저기 기웃거리며 걷는 느슨한 시간.
멀찌감치 수인선 교량 아래 모퉁이에 낯익은 뒷모습이 나타났다.
출근하는 딸의 뒷모습을 꽤 여러 번 보았던 터.
영락없는 딸 아이다.
웬 남자와 팔짱을 낀 채 백화점 쪽으로 사라졌다.

"친구가 부끄러움을 많이 타는 편이라.
집에 데려오기가 쉽지 않네."
열렬히 사귀는 친구가 있다길래 집에 데려와 보라 했더니
얼마 전 딸이 내게 던진 대답이다.
혹시 오늘 내 사윗감을 볼 수 있으려나?
딸이 사라진 모퉁이로 자꾸만 시선이 쏠린다.
수인선 고가 교량에 전철이 다가오며
소리가 점점 요란해 졌고 딸의 뒷모습도 사라졌다.

노점상에 진열된 노란 참외가 먹음직스럽다.

집 고양이 레오가 좋아하는 유일한 과일이다.
결국 참외를 한 봉지 사서 집으로 돌아섰다.
나도 모르게 빨라진 걸음.
쪽문을 지나 벚나무 그늘에 들어서니
아파트 현관 앞에 서성이는 남녀 한 쌍이 보인다.
그 하나는 딸 아이고 마주 선 이는 건장한 청년이다.
걸음 속도를 늦추고 시선을 고정시켰다.
손을 맞잡았다 서로 흔들고 다시 껴안고.
아마도 딸을 집까지 바래다 준 뒤 이제 막 헤어지는 순간이었던 듯하다.
청년이 몸을 돌리면서 마침 현관 앞에 바짝 다가선 나와
정면으로 맞닥뜨렸다.

"아아~빠, 내 남자 친구야. 지난번 말했던…"
딸도 청년도 얼굴이 빨개진 채 난감해 한다.
"기왕에 여기까지 온 거 집에 들렀다 가지?"
"아닙니다, 아버님. 제가 오늘은 준비가 안 돼서…"
안절부절못하는 청년을 바라보는 딸의 표정이 내 눈길을 확 끌어당겼다.

사랑에 푹 빠진 표정.
열애 중이던 30여 년 전,
신설동 골목에서 보았던 내 아내의 표정과 너무도 닮았다.
나직하게 소근거리며 두어 번 눈길을 주고받더니
청년이 내게 허리를 깊이 숙이며 인사를 다시 했다.
"아버님, 남○○이라고 합니다.
은비와 의논해서 곧 정식으로 인사드리러 오겠습니다."
저만치 배롱나무 밑에서 뒤돌아보며 또 손을 흔든다.

집으로 올라오는 엘리베이터 속에서 딸에게 농담을 건넸다.
"도대체 얼마나 사랑하면 그런 눈빛이 되는 거냐?
아주 그냥 푹 빠졌던데."
"아빠 연애할 땐 하루에 세 번이나
엄마를 만나러 온 적도 있었다며?"

'눈 가리고 냐옹'하는 우리 집 레오
2019 01 12

2017년 6월 2일 금요일.
아침 운동하러 늘 달려가던 논현 근린공원.
운동 마당에 오르는 야트막한 둔덕에서 아기 고양이가 야옹거린다.
어미가 데려가겠거니 그냥 지나쳤다.
20여 분 지나 마당에서 되돌아오는 길.
아기 고양이는 여전히
명자나무 그늘에서 야옹거리고 있다.
뜀박질을 멈추고 명자나무 아래로 몸을 굽히자
고양이는 냉큼 내게로 다가왔다.
사방을 둘러 봐도 어미 고양이는 없다.
가까운 동물병원으로 데려갔다.
수의사가 여기저기 만지며 냄새를 맡는다.

"아무래도 야생 고양이는 아닌 것 같아요."
"그럼 어떻게 하죠?"
"다시 공원에 가져다 놓으시든지
아니면 집으로 데려가 키우시든지."

결국 집으로 안고 왔다.
가족들의 반대가 심했다.
생명을 돌봐야 하는 일인데

그렇게 무턱대고 집에 들이면 어쩌느냐는 핀잔이다.
고양이를 맡길 만한 곳을 찾아 마을 곳곳을 헤맸다.
마침 소래포구역 인근 오피스텔 건설현장에 경비 할아버지가
"거참, 딱하게 됐네요.
내일 아침에 데려와 보세요."

이튿날 고양이를 안고 경비실에 갔지만
할아버진 안 보였다.
며칠 뒤 할아버지가 큰 병원에 입원했다는 소식을 들었다.
고양이는 우리 집에 며칠 머무르는 동안
식구들에게 정이 들었다.
아내에게 먹이 달라 야옹거리며 애교를 떨었고
날쌘돌이로 장난치기를 무척 좋아했다.
딸들이 장난꾸러기 레오라고 이름 지었다.
결국 레오는 우리 가족이 됐다.

병원에 4번 데리고 갔다.
검진하고 심장사상충 예방주사를 맞히고.
중성화 수술을 앞두고 꽤 오래 고민했다.
암코양이의 기본권.
임신하고 새끼 키우는 본능적인 행복을 거세하는 것 같아
식구들이 두 차례 의견을 모았다.

"함께 오래 살려면 중성화 수술을 해야 합니다.
입양을 결심하신 이상 그래야 고양이도 행복할 겁니다."

중성화 수술 후,
레오를 향한 가족들의 애정이 각별해졌다.
건강하게 무럭무럭 자랐다.

2019년 1월 12일.
얘는 이제 우리 집에 온 지 18개월이 됐다.
사람 나이로 치면 20살쯤 됐다 한다.
내 책상을 탐색하고 내 물건을 물어가고
내 노트북에 자판을 긁고 여튼 귀여운 말썽꾼이다.
조금 전에도 내가 잠시 자리를 비운 사이
내 맥북에 자판을 밟아
'ㅏ, ㄱㅆㅆㅆㅆ'라고 썼다.
난 이 글을
"나하고 좀 놀아 줘."라고 해석했다.

레오는 내 책상 언저리에 머물면서
내가 대거리를 안 해주면
저 혼자 놀다 지쳐 잠을 자는데
잠들 때 내가 지분덕 대면
몸을 틀고 눈을 가린 다음 잠을 청한다.
'눈 가리고 야옹'하는 형색이다.

"눈 가리고 아웅한다."라는 속담이 있다.
위기의 순간을 모면하기 위해 금방 들통날 술책을 쓴다.
얄팍한 수로 남을 속이며 허세를 떤다.
대충 이런 뜻이라는 것은 알겠는데

정확한 어원은 모르겠다.
네이버 형님은 뜬구름 잡는 식의 답변들만 늘어놓고 있다.
아주 어릴 적엔 "궁지에 몰린 쥐가
자신의 눈을 가리고 고양이 소리를 내며
진짜 고양이에게 허세를 부리는 상황"이라고
누구에겐가 들었었는데
그 말이 정말 '눈 가리고 아웅'의 어원일까?

추운 겨울,
얼굴에 물만 묻히는 식으로 세수를 마쳤더니
"무슨 세수를 고양이 세수하듯 하니."라며
어머니가 어린 나를 꾸짖었다.
대충대충 서둘러 일을 마무리하거나
제대로 처리하지 않고 흉내만 내는 것을 보고
"고양이 세수하듯 한다."라고 말한다.
그러나 우리 집 고양이 레오는
세수를 무척 꼼꼼하게 한다.
팔목에다 침을 발라 열번 가량 귓볼을 씻어 내리며
몸 곳곳을 그루밍한다.
털에서 윤기가 자르르 흐르는 것도
레오의 열성적 그루밍 때문이 아닐까.

레오는 이제 우리 집의 귀요미로 소중한 반려가 되었다.
얼굴이 작고 몸집은 통통한 편이다.
키는 55cm(꼬리 제외), 무게는 5.8kg이다.
"레오~, 레오 일루 와!"

아내가 거실 바닥에 앉아 가랑이를 벌리면
레오가 냉큼 달려가 그 사이에 벌렁 눕는다.
궁디 팡팡 해달라는 시늉이다.

"레오 레오 레오 레 오레 오레 오래 오래…"
아내가 박자에 맞춰 엉덩이를 토닥이면
레오는 그르렁거리는 골골송으로 화답한다.
오래오래 건강하게
레오가 우리 가족과 함께 하길.

시공간에 대한 짧은 내 생각
2023 01 27

일에 매달려야 하는 시공간이 있고
술 취한 시공간이 있습니다.
분위기 험악한 시공간이 있고
제법 학구적인 시공간도 있습니다.
내가 어느 시공간에 더 오래 머무르느냐에 따라
삶의 질이 결정되는 것이죠.

혼자 있는 공간이 우선 편안하고
행복해야 할 겁니다.
가정이 그래서 중요하죠.
아마 평생에 걸쳐 그 절반가량을 가정,
그러니까 우리 집에 머무르게 되지 않을까.
가정은 기본적으로 안정적이고 평화로운 공간이어야
사랑이 샘솟는 법입니다.

되도록이면 선한 이웃, 다정한 사람들과 어울려
내가 행복해지는 시공간에
나를 오래 놔두어야 합니다.

사과 상자에 달콤한 행복을 가득 채우자
2018 11 14

사과처럼 친숙한 과일이 또 있을까?
사과 상자처럼 우리 생활과
밀접한 관계를 맺고 있는 물건이 또 있을까?
사과 상자처럼 우리네 인생의 단면을
잘 대변하는 물건이 또 있을까?

사과 궤짝에는 벼 껍질(왕겨)이
깔려 있었다. 푸석푸석하게.
제사상에 올릴 사과를 엄니가 깎고
그 껍질에 붙어 있는 속살을
나와 누이가 갉아 먹었는데
그 달큰한 맛을 어찌 잊을 수 있겠나?

사과 상자를 친구에게 보낸 적이 있다.
내가 지키지 못한 약속 때문에
친구가 큰 모욕을 당했다는 소식을 듣고
난 며칠을 고민하던 끝에
사과 편지를 넣은 사과 상자를
친구에게 부쳤었다.

난 "사과 상자"라는 별명을 인터넷에서 자주 쓴다.

"사과 상자에다 현금을 가득 채워서
아내에게 선물하자."라는 내 버킷리스트 때문이다.
평생을 가난한 살림에서 헤어나지 못하게 한
잘못을 아내에게 용서받고 싶다.

사과 상자엔 원래 달콤하고 행복한 사과,
향긋한 냄새가 배어있는 사과,
사과와 용서, 고마운 선물,
뭐 그런 것들이 담겨 있었는데
썩은 정치꾼들이 거기에다 돈을 가득 담아
부정한 청탁과 뇌물로 주고받았기 때문에
행복한 사과 상자의 이미지는 사라지고
이젠 악취 나는 사과 상자의 이미지만
우리 사회에 각인돼 있다.
뒷맛이 참 씁쓸하다.

빈방에 봄꽃을 들였다.

2025 03 14

모처럼 잠을 깊이 잤다.
새벽 4시쯤에 깨었다 다시 잠들어 7시에 일어났다.
수면 평가 앱이 어젯밤 내 잠의 품질을
"94점, 훌륭합니다."라고 표시했다.
머리가 띵하니 약간 어지러운 증상도 오늘 아침엔 사라졌다.
아마도 지지난해 연말 이후로 이렇듯 개운하게
잠 깬 경험이 처음인 것 같다.
날씨 탓인가 계절 탓인가?
어제는 아침 운동에 나서며 내복을 입지 않았다.
그만큼 기온이 높아졌고 마음도 가뿐하게
논현공원까지 뜀박질로 돌아왔다.

은비가 결혼해 살림을 신혼집으로 옮긴 후
딸아이 방을 자꾸 열어보게 된다.
그때마다 텅 빈 방이 허전했고 주인 잃은 피아노가 처량해 보였다.
산책 중에 폰사를 찍다가 꺾인 산수유 가지를 발견했다.
열매를 다닥다닥 달았지만 바짝 메마른 채 곁가지에 걸려 있었던 것.
조심스레 그 가지를 떼어내 집으로 들였다.
다이소에서 화병과 곱돌, 작은 유리구슬들을 사 왔다.
딸 아이 방에다 꽃병을 놓아두면 허전한 마음이 누그러지겠다 싶었다.
마을 가게에 다녀오면서 길가에 나무들을 자세히 살폈다.
마침 가지치기 작업이 있었는지 그 잔가지들이 여기저기 흐트러져 있다.

목련과 화살나무, 매화와 개나리 등
주로 일찍 꽃피는 나뭇가지를 주섬주섬 챙겼다.
잘 다듬어 꽃병에 꽂으니 방이 단박에 화사해졌다.
이튿날 좀 더 큰 화병을 사다 거실 안쪽 장식 탁자에 올리고
같은 방식으로 봄나무 가지들을 주워다 꽂았다.
그중에 왕버들이 가장 먼저 꽃을 피웠다.
산수유는 그 이튿날 꽃눈을 틔우더니 엊그제 활짝 폈고
매화는 어제 피기 시작해 오늘은 쪼르라니 흰 꽃을 매달았다.
내 책상에 작은 화병도 꽃향기를 뿜기 시작했는데
이웃 마을에서 주워온 별목련이 두 송이 나란하게 꽃눈을 틔웠다.
두터운 신이의 겨울 껍질이 트이더니
그 틈새로 흰 꽃잎이 살짝 얼굴을 드러낸 것. 참 신기하다.
"아, 이렇게 목련 꽃이 피는구나!"
거실과 딸아이 방을 오가며 봄꽃 향기를 맡는 재미가 쏠쏠하다.
진작에 이럴 것을.

지난 연말에 미치광이 대통령이 느닷없이 계엄령을 선포하는 바람에
온 나라가 뒤집어질 것 같은 아수라장이다.
헌법재판소의 선고가 전례 없이 지체되고 있고 이번 주말엔
적어도 백만에 가까운 시민들이 여의도와 광화문에 모이지 않을까.
아무튼 봄은 봄이되 봄 같지 않은 2025년의 봄이 될 전망이다.
꺾인 가지를 주워다 내 집안에 봄을 되살린 건 참 잘한 일이다.

닫는 글

책갈피에 제 마음을
살짝 끼워 놓았습니다

그냥 살아온 이야기.
제 주변에서 일어난 시시콜콜한 이야기.
일기장에 써 놨던 글들을 조금 수정하거나
메모장에 기록했던 낙서 같은 글들을 모아서
두 번째 산문집을 출간합니다.
제 삶을 되돌아본다는 셈 치고 퇴색된 옛 일기장을 들췄습니다.
서랍과 책장을 정리하면서 지난 세월을 반추해 봅니다.
솔직히 미안하다는 말을 하고 싶었습니다,
사랑하는 아내와 내 딸들에게.
반갑고 고맙다는 말도 전합니다,
새 식구가 된 듬직한 우리 사위들에게.

가까운 사람일수록 선뜻 꺼내지 못하는 말이 있습니다.
"다 이해를 해주시겠지 뭐."
그러면서 삼켰던 말들을 더 늦기 전에 해야겠어요.

영등포 형님 형수님, 참 고맙습니다.
학교 졸업하고 서울에 올라와서 한동안 형님댁에 함께 살았잖아요.
걸핏하면 술에 취해 밤늦게 돌아오는 동생.
늦깎이 대학생이 되었으면서도 공부는 뒷전이고
매일 최루탄 냄새나 잔뜩 안고 돌아오던 시동생.
얼마나 속을 끓이셨을까. 그때는 몰랐지요.
참고 지켜봐 주신 거 정말 감사합니다.
고양시 봉선 형님 보인 형수님.
연천의 군부대로 세 번이나 면회 와주셨던 거 기억합니다.
기자 PD 노릇 할 때도, 교수 행세할 때도
늘 응원해 주신 거 잘 알고 있습니다.
가족에 별 보탬이 되지 못한 것, 참 미안합니다.
누이동생과 상순 매제님,
아팠을 때 가정을 굳건히 지켜주신 거.
재미없는 우리 형제들에게 재담을 섞어 주셨던 거.
갈 때마다 환대해 주신 거 고맙습니다.
갑자기 보고 싶어지네요. 울 조카님들,
그리고 큰 손주 효은이 지율이.

그냥 카톡 문자로 의례적인 인사를 드리는 것보다는
제 마음의 책을 선물하는 게 좋겠다 싶었습니다.
사촌 형 누님들과 매형, 그리고 장선 형님과 친척들.

처남 처수님들, 처형 처제 동서들께도 감사드립니다.
삼례 처형과 순천 체제네.
순노 춘노 서노 형님과 형수님.
내 친구 권노 처남과 지수 지민이네.
그리고 정릉 산꼭대기 신혼집에 놀러 왔던 외조카들.
그때 얘긴 나중에 쓸게. 미안!

솔직한 마음을 전하려고 생활 수필을 썼습니다.
그 시절로 한 번만 돌아가 봤으면 하는 심정으로
어렴풋한 옛 얘기들을 꺼냈습니다.

내 깨복쟁이 상색 친구들과 영가리 형님 누이동생들.
가평에 황금돼지 동창들, 청솔 가사모 가인회 이과반 친구들.
샛별 3기 절친들, 몇 안 되는 대학 동기동창들.
전직 리빙TV 동료들, 카메라 편집 감독님과 작가님들.
그리고 나를 끔찍이도 따르던 몇몇 후배님들.

가르침을 받을 당시엔 미처 표현하지 못했던
고맙고 감사한 마음을 늦게나마 전하고 싶었습니다.
이영진 이상국 신복균 조영욱 윤태철 황현목 임인철 선생님.
그리고 박승만 은사님과 새 박사 윤무부 교수님.

읽는 동안 잠시라도 마음이 따듯해지길 기대합니다.
다만 한 줄이라도 가슴에 와 닿는
책이 되길 소망합니다.
참 고맙습니다.

2025년 6월 20일
박종선 초록발자국

좋아하는 것이 많아야 행복하다

저 자 박종선
발 행 일 2025. 09. 06
출 판 사 도서출판 애플북
I S B N 979-11-994350-3-2(03810)
발 행 처 도서출판 애플북

이 책은 저작권법에 따라 보호받는 저작물이므로
무단 전재와 무단 복제를 금지합니다.